美丽河湖系列丛书

中国山水 1901

《中国山水》编委会
水利部综合事业局
水利部水利风景区建设与管理领导小组办公室 编

中国社会出版社
国家一级出版社 · 全国百佳图书出版单位

美丽河湖系列丛书
中国山水 1901
《中国山水》编委会
中国社会出版社

图书在版编目（CIP）数据

中国山水．1901 /《中国山水》编委会，水利部综合事业局，水利部水利风景区建设与管理领导小组办公室编．
北京 ：中国社会出版社，2019.11
（美丽河湖系列丛书）
ISBN 978-7-5087-6253-1

Ⅰ．①中… Ⅱ．①中… ②水… ③水… Ⅲ．①水利建设—风景区—介绍—中国
Ⅳ．① K928.4

中国版本图书馆 CIP 数据核字（2019）第 268925 号

丛 书 名：美丽河湖
书　　名：中国山水 1901
编　　者：《中国山水》编委会　水利部综合事业局
水利部水利风景区建设与管理领导小组办公室

出 版 人：浦善新
终 审 人：尤永弘
责任编辑：魏光洁
特约编辑：高于萍

出版发行：中国社会出版社　　**邮政编码**：100032
通联方式：北京市西城区二龙路甲 33 号
电　　话：编辑部：（010） 58124851
邮购部：（010） 58124848
销售部：（010） 58124845
传　真：（010） 58124856
网　　址：www.shcbs.com.cn
shcbs.mca.gov.cn
经　　销：各地新华书店

中国社会出版社天猫旗舰店

印刷装订：北京博海升彩色印刷有限公司
开　　本：210mm ×275mm　1/16
印　　张：8.75
字　　数：200 千字
版　　次：2019 年 12 月第 1 版
印　　次：2019 年 12 月第 1 次印刷
定　　价：46.00 元

中国社会出版社微信公众号

中国山水

CONTENTS 目录

水景
WATER VIEWS

特别策划
SPECIAL TOPICS

交流
EXCHANGE

CONTENTS 目录

品鉴
TASTING

104

101

101

前言

孔子从山水中发现了智慧与道德之美，故曰："智者乐水，仁者乐山。"老子则把水人格化，将水之"善"推到了"道"的高度："上善若水，水善利万物而不争，处众人之所恶，故几于道。"……自古以来，中国人就具有亲水的天性，从水中汲取营养，寻求水与人类心灵的融合。

随着生活水平与知识水平的提升，人们的旅游休闲观念正在发生微妙的变化。近十几年来，人们越来越青睐以"自然生态、水利工程和特色水文化"为关键词的水生态旅游，在与水的亲近与交融中，回归自然，愉悦身心，感悟传统文明的魅力。

而在以上三个关键词中，"自然生态"无疑是最根本的基础性要素。人们之所以愿意携手家人去水利景区度过难得的休闲时光，看重的首先是自然环境之美。在清新怡人的环境中，才能轻松愉悦地欣赏水利工程之美，体会熔铸于水景中的历史文化魅力。如果没有了自然生态的洁净之美，也就没有了颐养身心的优美环境，水利景区的吸引力就会大打折扣，任何壮美的水利工程和迷人的水文化都会黯然失色。

由此可见，想要吸引游人驻足，并乐于不断地光顾，景区就必须把生态环境的保护与治理当作"生命"来看待，任何水利风景区想要获得长久的发展，都必须把水生态治理与保护放在首位。

在 20 世纪改革开放初期，由于对生态环境的重要性缺乏认识，导致很多水域被污染，水生态环境急剧恶化，乃至于除了人迹罕至的偏远地区，很难再找到一片洁净无污染的水域。此后，在政府乃至全社会的关注与努力下，相关政策与法律法规不断出台，执法和打击力度不断加大，人们的环保意识不断增强……这一切都为水环境污染的治理与保护创造了坚实的基础。

2005 年 8 月，时任浙江省委书记的习近平同志在湖州安吉首次提出"绿水青山就是金山银山"的发展理念。2017 年 10 月，"必须树立和践行绿水青山就是金山银山的理念"被写进党的十九大报告。时至今日，生态环境治理与保护成绩斐然。

水利风景区主要有水库型、湿地型、自然河湖型、城市河湖型、灌区型、水土保持型六种类型，而无论何种类型的水利风景区，在其规划与建设纲要中，无一例外地把生态治理与保护放在了极其重要的位置。

生态兴则"水景"兴，生态衰则"水景"衰。爱护生态环境就是保护景区的生命，这一认识在生态旅游蓬勃发展的今天，重若千钧。

编　者

2019 年 5 月

第十八批国家水利风景区（一）

江西省宜春恒晖国家水利风景区由三兴水库（三兴湖）和恒晖农园两大片区构成。景区以三兴湖为源头，潺潺河水孕育着这里的农业示范区，使这里的绿色生命生生不息。

千百年来，北塘河与横塘河、澡港河三河交汇，沟通太湖、长江南北水系，“南以济运，北以泄水”，受益农田10万余亩，是古代水利工程的典范。江苏省常州青龙潭国家水利风景区据此而生。

内蒙古河套灌区是全国三个特大型灌区之一。河套灌区拥有配套完善的七级灌排工程体系，排水系统规模巨大，内蒙古巴彦淖尔乌加河国家水利风景区即以乌加河为主体建设而成。

生态是
水景的生命

京东农场

内蒙古自治区乌兰浩特洮儿河国家水利风景区

乌兰浩特的“塞北江南”

这里是寻访辽金、蒙元文化的胜地，这里是内蒙古自治区政府的红色故里，这里是休闲度假、民俗旅游的乐园，这里是人与自然和谐相处的人间天堂，这里正向世人展示着灵动秀美的水利风光……

这里，就是内蒙古乌兰浩特洮儿河国家水利风景区。

乌兰浩特，蒙古语意为“红色的城市”，位于大兴安岭南麓，内蒙古自治区东部，在科尔沁草原腹地，是兴安盟政治经济文化中心、内蒙古自治区政府的诞生地。因水田遍布，这里素有“塞北江南，草原水乡”之称。

塞北灌区，风景这边独好

依山者仁，傍水者聪。成长在这片钟灵毓秀的大地上，红城人自然也承载了与生俱来的灵气。

打开时间的轴卷，察尔森灌区的大规模兴建可追溯到 20 世纪 80 年代。始建于 1989 年的察尔森灌区，是内蒙古自治区 14 大灌区之一，被列入国家第一批农业综合开发项目区。从 2009 年起，乌兰浩特市察尔森灌区利用国家投资的 3.32 亿元，完成了渠系骨干工程及部分末级渠系节水改造工程建设，基本形成了“渠成系、路成网、林成带、田成方”的高标准现代化基本农田。

景区不仅自然风光幽雅旖旎，还培育了乌兰哈达有机米、义勒力特稻田鱼、葛根庙现代观光农业。漫步灌区，随处可见的片片良田、蔬菜大棚，与周围的沟渠水域、绿色丛林，勾画出一幅农业可持续发展的美丽图景。

如今的察尔森灌区山水相依，群山连绵，生物繁茂；辽金文化、蒙元文化、红色文化、佛教文化、民俗文化、东北文化在这里交融；鲤鱼、鲫鱼、怀头鲶、狗鱼等 77 种鱼类在这里繁衍；大鸨、丹顶鹤、鸳鸯等 300 余种珍稀鸟类在这里栖息；云杉、糖槭、格桑花、榆叶梅等 100 余种花草树木在这里安家落户，塑造了神奇而美丽的自然，积淀了独特而诗意的人文。

生长在这片土地上的有热情好客的蒙古族、能歌善舞的朝鲜族、热情奔放的汉族，独特的人文历史、深厚的地域文化和淳朴的民俗风情，演绎出人与自然的和谐乐章。

民族风情，皴染生态蓝图

“四两拨千斤，建设大景区”。利用现有的优势资源，乌兰浩特提出了进一步建设察尔森灌区水利风景区的构想。风景区保护范围为义勒力特镇、乌兰哈达镇、葛根庙镇、斯力很现代农业园区等自然、生态、人文景观的核心区域和保护区域，整个景区面积为 200 平方千米，具有发展成为集农业观光、旅游、度假、休闲于一体的水利风景区的优越条件。

“问渠那得清如许，为有源头活水来。”景区最终提出了“一个核心，三条景观带”的发展格局，即依托察尔森灌区大自然绮丽风光，打造灌区山水旅游核心板块；依据灌区不同功能区域，打造水工程生态观光带、以体验民俗文化为主的民俗风情带、以乡村休闲娱乐和采摘为主的设施农业观光带。

全长 114 千米的生态防渗总渠，是干渠水工程生态观光带的重要组成部分，是灌区的一条“输水高速公路”。渠道沿岸林木葱茏，芳草萋萋，与“纵横渠道布田畴，清水垄中酣畅流”的优美水景相融并济，共同构成一幅壮观的生态工程图景。同时，也使这块贫瘠之地，变成了“水荡前行灌万田，风吹稻花香两岸”的富庶之地。

民俗风情体验带以乡村旅游为核心。风景区内有义勒力特镇、乌兰哈达镇、葛根庙镇，分别位于景区的上、中、下游，与蒙古族、朝鲜族、汉族特色村寨交相辉映。绿色有机水稻基地乌兰哈达镇的稻田捕鱼节，能让游客亲身体会到鱼稻双丰的喜乐；“花语小镇”葛根庙的格桑花节，寄托了人们对幸福生活的向往；成吉思汗庙祭祀仪式，仿佛将人们带到了金戈铁马的蒙元时代；能歌善舞的朝鲜族，每逢节假日和传统老年节，就会载歌载舞，欢腾雀跃；热情好客的蒙古族，也乐于盛装迎接四方宾朋。

设施农业观光带结合服务灌区农业和发展灌区多种经营，规划灌区生

态格局和风景区景观构架，规划建设灌区的生态农业示范园、绿色生态养殖基地。绿色有机无公害蔬菜、瓜果应有尽有，游客可进入生态蔬菜大棚观赏蔬菜、自主采摘，可以进入稻田体验种植，进入养殖场自助投饲、下水捕鱼。

建管并重，保驾草原旅游

仁者乐山，智者乐水。水是大自然赐予地球生灵最美好的礼物。在对水资源的开发和利用上，乌兰浩特市坚持以保护为主、适当合理开发利用的原则。

近年来，乌兰浩特市加强旅游基础设施建设，加大旅游环境保护和整治力度，规范旅游市场服务系统。

乌兰浩特市启动实施全时段禁渔工作，促进景区内生态良性循环。乌兰浩特市也成为内蒙古自治区第一家全时段禁渔政府部门，有效保障了水质和生态的可持续发展，完善了民俗乡村旅游基础设施建设。目前，景区“吃、住、行、游、购、娱”六要素配置基本完善。

景区逐渐形成了以“五一会址”为代表的红色游、以藏传佛教为代表的佛教文化游、以成吉思汗庙为代表的蒙元文化游、以乡村民俗为代表的现代休闲游。红色基地、佛教圣地、蒙元遗址、美丽乡村的迷人风姿，吸引了众多的游客。

未来，乌兰浩特市将在保护文化遗产的基础上，建设漂流探险区、水上运动区、休闲垂钓区、商业区4大功能区，目标定位是国内一流的旅游休闲风景区。

长风破浪会有时，直挂云帆济沧海。乌兰浩特市通过倾力打造湿地公园、挖掘辽金文化和朝鲜族乡村旅游等一批旅游精品项目，全力把乌兰浩特市察尔森灌区水利风景区打造成为一个集山、水、城相依相融，自然人文景观交相辉映，集观光、休闲、度假、娱乐为一体的旅游目的地。

利用自然资源 有效保护生态

辽宁省兴隆台辽河鼎翔国家水利风景区

冲积平原上的生态胜地

辽河汤汤，恩泽两岸。支支脉脉，各领风骚。

太平河和绕阳河是辽河入海前最后汇入的两条支流。在这片三河环抱、平均海拔高度只有 3 米的滨海冲积平原上，芦苇、林地、稻田与河流、滩涂、沼泽、沟渠融合交织，构成了自然为经、人工为纬的瑰丽风光。这里就是辽宁省兴隆台辽河鼎翔国家水利风景区。

兴隆台辽河鼎翔国家水利风景区以辽河、绕阳河、太平河为依托，以生态观光和乡村旅游为平台，以休闲度假、文化旅游、科普教育、健康养生为主体，构建起主题突出的水利旅游产品体系。

如今，这里已是树木成林，飞鸟成群，是国家 4A 级旅游景区、全国农业旅游示范点、全国休闲农业与乡村旅游五星级示范区、国际最佳休闲示范区。

苇海浩荡，稻米飘香

盘锦辽河湿地芦苇荡是目前世界最大的湿地芦苇荡，位于辽河和绕阳河交汇处，芦苇荡面积达 2 万余亩。景区沟通了原有的潮沟和坑塘，建成了穿行于苇荡之中的观光水道，苇影婆娑，清风扑面。融身苇海，宠辱皆忘。落潮了，野生螃蟹漫步潮沟觅食、晒太阳，懒懒散散，看似漫不经心，但偶有风吹草动，则动如脱兔，整齐划一，让人惊诧不已。

苇海蟹滩是茫茫芦苇荡中一个颇富情趣的地方。景区为游客增加了互动项目，即可以拿起钓竿，与小螃蟹斗智斗勇。

景区还修建了4000多米的环形木质栈道。栈道浮于苇荡之中，既不阻挡潮汐水流，又不妨碍芦苇生长。漫行其上，苇叶沙沙，百鸟啾啾，如轻舟徐进，令人陶陶然，飘飘然。栈道会合处，亭台轩榭，拙朴自然，让人不由自主地驻足观赏，醉心于这里的美景。

登高读苇亭，凭栏俯瞰苇海，一片原生态的湿地风光尽收眼底。

整个辽河鼎翔水利风景区就是一个大生态园，鼎翔生态观光园则是其缩影。

走进观光园，你会发觉这里是乡野风光的大荟萃，这里似曾相识的一切，能唤起你对田园生活的向往，对儿时乡村生活的记忆。

在水稻种植区，可以看到最地道的有机水稻种植模式。鼎翔人把辽河稻作文化精心传承并发扬光大，种出了久负盛名的紫晶香黑米和玉粳香稻米。八月稻花香，九月稻穗黄，在收获的季节，这里累累的穗实居然形成了一道迷人的风光。

千亩森林，鹭鸟高翔

生态观光园的南面，辽河的右岸，有一片多达千亩的森林。

在土壤高盐碱含量的盘锦，这片森林的存在，堪称奇迹，因为即便在今天，在盐碱地上栽树依然是盘锦绿化工作的一个难题。60多年的栽植，从没动摇的生态理念，成就了这片大森林，树起了盘锦的一个生态地标。

俗话说，良禽择木而栖。鹭鸟素有生态监测鸟之称，每年几十万只鹭鸟北迁至此，在这里筑巢安家，生儿育女，足见这里生态环境之优良。

这里的鹭鸟园是目前东北地区最大的野生鹭鸟栖息繁衍地，除了常见的白鹭、夜鹭、池鹭、苍鹭、草鹭、牛背鹭之外，还有珍稀的黑脸琵鹭。

在鸟园里，景区工作人员利用原有洼地扩建了多个水塘，为幼鸟建造了一个"游乐场"。水塘通过沟渠与外部水系相连。周边环绕的太平河大水系是这几十万只鹭鸟丰饶的大食堂。

为了不惊扰鹭鸟悠然的生活，景区建有高大的观鸟楼，游客可以在这里远观万鸟翔集的撼人盛景，还可以走在林荫避日的林间甬道上聆听天籁之音。在封闭式观鸟长廊，可以最近距离地欣赏自然状态下的鹭鸟生活。

鹭鸟园已经成为盘锦的原始森林。行船于太平河上，岸上的 30 余种、10 万余株树木婆娑弄影，姿态万千。这些树木就是一道飘荡的风景。水是太平河风光带的精华，温婉柔情；树是风光带的衣衫，素雅沉静。百鸟和鸣，水道崎岖秀丽，"东北小江南"名不虚传。

香火旺盛的“北国灵隐”太平寺藏身在水畔茂密的丛林之间。太平寺庙宇群占地达1万余平方米，由10余座殿阁组成，是目前盘锦市最大的寺院。络绎不绝的香客游人可以在这里聆听禅音，洗净凡尘。

冬日来临，太平河上白雪皑皑，林木银装素裹，是赏雪的好去处。

生态福利，惠泽“鼎翔”

原始湿地生态系统，无论是自然资源的观赏性还是生物资源的稀有性，都有其珍贵价值，这是辽河鼎翔国家水利风景区的灵魂。景区的开发和保护，充分体现了人水和谐的现代治水理念。

景区坚持“保护为主，开发为辅”的理念，不断加大投入，增加森林植被覆盖面积，丰富植物体系，用植被涵养水源，改善沙石荒滩地貌，形成了湿地、绿地、林地和谐相生的完整的生态系统。

景区内生物资源丰富，林草覆盖率达97%以上；哺乳动物有21种；鸟类有46个科236种，其中黑脸琵鹭、震旦鸦雀、东方白鹳、黑鹳、中华秋沙鸭、黑嘴鸥、丹顶鹤等20余种鸟类是国家级珍稀保护动物。

景区成立了野生动物救助站，对伤病野生动物实施有效救助。截至目前，已经救助了528只鸟类，救助成功率达90%以上。在景区内设置百余个投食台，在食物短缺的季节里，对野生动物实施野外投食喂养，保证它们安然越冬。每年景区还留置大片的芦苇为野生动物留下栖息地。

为了控制和减少森林病虫害的发生，景区坚持采用物理和生物方法防治病虫害，不仅对环境零污染，而且收到了良好的防治效果。

辽河鼎翔国家水利风景区优越的自然生态景观引起了新闻媒体、专家学者及大量的国内外游客的注意，至今已累计接待游客300万人次，获得了良好的经济效益和社会效益。同时，也引起部分有关国家机关、科研单位和高等院校的关注和重视，已成为沈阳农业大学教学实习基地和辽宁省林业科学院试验基地。

浙江省衢州马金溪国家水利风景区

钱江源头的生态“大花园”

开化，位于浙江西部钱塘江源头中山丘陵地区，地处浙皖赣三省及黄山、婺源等七县市交界，是浙江省乃至华东地区重要的生态安全屏障，自古就有“歙饶屏障”之称。开化群山环绕，地势四周高中间低，“九山半水半分田”是全县地貌特征的真实写照。马金溪是开化第一大河流，属钱塘江流域，自北向南穿境而过，全长 99 千米，流域面积 1067 平方千米。

浙江省衢州马金溪国家水利风景区依托马金溪流域综合治理工程而建，属于自然河湖型水利风景区。景区面积 30.92 平方千米，其中水域面积 7.08 平方千米。景区以马金溪干流及其沿河区域为框架，将沿线自然景观、人文景点、滨水公园穿珠成线，形成百里金溪风景画廊和文化长廊。

一江清水出开化

马金溪是钱塘江南源，流经开化县时，谷窄流急，何田溪、村头溪、中村溪等支流汇入，与池淮溪交汇后流入常山港。近年来，开化全力开展马金溪“百里黄金水岸线”建设，将“治水造景”与“美村富民”相结合，通过全域治水，努力打造一个水清岸绿、人水和谐的钱江源头大花园。

马金溪流域综合治理工程坚持“水、滩、路、堤、景”综合整治，通过源头治理、水岸同治、林草共修、景观文化共建等措施，共治理堤岸130千米，修复改造堰坝52座，基本形成了完整的防洪闭合圈；推进百里画廊、清水河道、碧水塘库、秀水溪渠、洁水渔业五大治水行动，关停整改污染企业680家，沿线所有村落完成生活污水管道全覆盖，水生态环境质量得到明显提升；修复沿线古埠头、古桥梁、古堰坝，建成砸碗花湿地、太阳岛、双溪公园、华锋湿地等一批自然生态景观，百里金溪山水风情日渐凸显。

通过流域综合治理，2017 年马金溪出境Ⅰ、Ⅱ类水质占比达99.2%，沿线村庄面貌焕然一新，已成为人人向往的美丽乡村和乡愁家园。百里黄金水岸年接待游人380万人次，营业收入超28.5亿元，一条富民之河、生态之河、文化之河展现在人们面前。

水光潋滟马金溪

马金溪流域山川秀丽，人文荟萃。

马金溪好似一条穿梭于崇山峻岭间的巨龙，时而被峡谷收紧成一股细流，涓涓而下，时而水面开阔，山水相映成趣，透露出一派水光潋滟、山色空蒙的美景，充分展现出山水多姿多彩的情致。马金溪也是开化的母亲河，为城市居民提供优质饮用水源，浇灌着察畈、龙村畈、木兰畈等河谷平原，养育沿线一方儿女，带动了沿岸绿色产业经济发展，涌现出霞山、金星、密赛、下淤等一大批亲水旅游示范村，以及砸碗花湿地、双溪公园、金溪桃韵、根宫佛国等生态文化景点。这一切共同组成了多姿多彩的马金溪国家水利风景区。

砸碗花湿地的百亩荷塘颇具韵味，荷花盛败两相宜，既有夏季“接天莲叶无穷碧，映日荷花别样红”的如火如荼，又有秋冬“秋阴不散霜飞晚，留得枯荷听雨声”的情凄意切。双溪公园是马金溪与中村溪的汇流处，河滩遍布枫杨、垂柳、乌桕等古树，一座徽派板凳桥倒映溪中，无论晴光潋滟，抑或雨色空蒙，都独具江南水乡特色；金溪桃韵由下淤水岸、密赛田园、桃源人家三个亲水景点村组成，在这里，孩子们戏水游乐，大人们体味乡愁，一派“幸福乡村，自在田园”的景象；根宫佛国被誉为根艺美术的四库全书，可体会鬼斧神工的开化根雕魅力，守一份恬淡的心灵，寻味人与自然融合的大道之美。

自古以来，开化良好的生态环境都是来自大自然的恩惠。时至今日，开化大气、水体环境质量仍持续走在全国前列，水质达到Ⅰ、Ⅱ类水标准，PM2.5浓度控制在30微克/立方米以内，空气质量指数优良率稳定在95%以上，成为全国第一、浙江唯一的“中国天然氧吧”。长三角唯一的国家公园体制改革试点区——钱江源国家公园就位于此地。

追溯历史，开化建县有一千多年，流传下开化根雕、高跷竹马、香火草龙等一批非物质文化遗产，熠熠生辉；郑堰、八甲坝、西渠、双茨古渡等水文化遗产至今还发挥着作用，承载了开化悠久的治水用水历史，衍生出禁堰、禁潭等一批水文化习俗。

“三区两廊”绘蓝图

马金溪国家水利风景区以创建河湖公园示范、打造美丽河湖样板为目标，以“百里马金溪，最美家乡河”为品牌形象，规划出“一轴双廊三板块”的空间发展布局。

一轴为绿色产业经济发展轴。以马金溪为纽带，构建沿河互联互通现代交通网络，将文化旅游景点、特色田园乡村、绿色产业园区串联起来，形成集“山水游憩、康养休闲、文化体验、自然研学”于一体的沿河绿色产业经济发展轴。

双廊即绿色生态廊道和醉美文化河岸。以马金溪山水为基底，实施水生态环境保护与修复工程，恢复河湖生态岸线，重塑田园山水风光，形成云山、镜水、翠岸、金滩绿色生态廊道；依托滨河绿道系统，挖掘展示古桥梁、古埠头和水运商埠等水利遗迹，推动古村落民居和地域文化发掘保护，实施乡村文化产业复兴，打造独具特色的“醉美”文化河岸。

三板块分别为源头区“溯源怀古观光板块”，乡村段“美丽田园休闲板块”，城区段“生态文明展示板块”。三个板块各自突出资源特点和服务功能，强化保障水安全、保护水生态、提升水文化核心功能。

景区重点建设三溪生态湿地公园、水利科普园、水文化体验馆等项目，将马金溪水利风景区建设成为河湖型水利风景资源开发利用与保护的典范、美丽河湖建设的样板。

可以预见，在不久的将来，一条“城水相依、江河相连、山水相融、人水和谐”的绿色生态廊道将展现在我们面前。

河南省许昌鹤鸣湖国家水利风景区

水润千年 鹤鸣九皋

“水润千年，水利万物；鹤鸣九皋，水木清华。”这是对许昌鄢陵县鹤鸣湖的赞誉。鄢陵县位于河南省中部，千里伏牛山脉东方，万里母亲河黄河南侧。鄢陵境内的河南省许昌鹤鸣湖国家水利风景区，就是围绕鹤鸣湖建设的生态景区。

与很多偏重于自然景观和水系功能的风景区不同，地处中原腹地的鄢陵鹤鸣湖国家水利风景区在美丽风景和功能完备的同时，更典型和集中地体现着中国古代哲学家老子的思想：水善利万物。

鹤鸣湖水利风景区所在地鄢陵，以自然与人文的相依相生见长。自古至今，从隋代开始，优质的地下水就有着深、清、轻、软、甜、美的特质，并在当代被列入“国家地理标志产品保护”名录。

2014 年 11 月，鹤鸣湖水利风景区被省水利厅命名为“河南省水利风景区”；2018 年，又跻身于国家级水利风景区的行列。这些荣誉无一不体现着鹤鸣湖给鄢陵带来的生态福利。

整合、提升生态资源

鹤鸣湖的前身是引黄调蓄工程，调蓄水源来自黄河，通过赵口总干渠引入汶河内，途经郑州市的中牟县和开封市的祥符区、尉氏县，经113千米，最后流入鄢陵境内。作为黄河流域治理功能的重要组成部分，鹤鸣湖核心水面完美地实现着引黄调蓄的伟大使命。总占地3308亩的鹤鸣湖，以黄河水涵养地下水源，以调蓄湖形成水系景观，以环湖湿地改善生态环境，在彻底根治了黄泛区危害的同时，更助力和推动了鄢陵生态旅游产业格局的发展。

以鹤鸣湖为核心，周边广泛分布有丰富的水利旅游资源。鹤鸣湖水利风景区建设，连通了周边水系，形成了水利旅游资源富集区，为鄢陵水利旅游的大规模开发和产业要素的空间集聚带来了极大的优势。

自2012年引黄调蓄工程得到省政府和水利部、发改委等有关部门的批复后，2013年4月26日，其建设用地得到了国务院批复。至今，鹤鸣湖水利风景区经过科学规划，构建起"一湖为心、三带润城、五区多景、蓝绿交融"的总体布局结构。

到2017年末，已形成以鹤鸣湖为核心的湖区，建设了将汶河、许扶运河、鹤鸣湖花博园连通的水系，以及花溪大道景观渠、花海大道景观渠、引黄干渠等滨水休闲游憩带。这里水光接天、鸢飞鱼跃、花木扶疏、暗香涌动。鄢陵县打造的"蓝绿成链·三廊合一·城水交融"的城市环境已成效显著，丰富的生物多样性构建了天人合一的和谐世界。

鹤鸣湖中央核心区域以鹤鸣湖为

依托，以鹤鸣湖湖区景观和花博园景观为核心，通过进水渠、退水渠与鹤鸣湖花博园连通水系两岸景观进行衔接，以山水自然特色、长寿文化和花木展示为主题，实现了突出和塑造鄢陵“长寿之乡”“花木之都”城市名片的功能。

田园养生型都市区域以汶河与花海大道之间区域为核心，结合林家支渠两岸绿廊，以水生态文明建设为引领，突出生态田园养生风貌特色，已成为展现鄢陵绿色生态宜居城市魅力的都市绿洲。这里已经构筑起融水生态修复和绿色生态循环于一体的时尚城市生态空间，市民可以在这里游览、健身，尽享生态之美。

文化滋润的生态之花

历史文化型都市区域围绕汶河城市段区域，结合鄢陵国宝乾明寺塔、民族宗教特色的清真寺等景点，着力打造独具历史文化特色的水景观，这里已成为展示鄢陵蓝绿河湖生态和独特历史文化河洲的特色窗口。

休闲体验型都市区域以许扶运河为核心，塑造“水脉·绿脉·文脉、三脉合一”的水生态文化，在区域内融入水生态文化展示、特色植物展示、历史文化展示等，给市民和外来游客以及周边学生提供休闲娱乐、科普教育、亲近自然的生态环境。休闲体验型都市区域已成为体验互动式特色旅游的范本。

生态景观型区域以引黄干渠与花溪大道之间的带状区域为核心，在突出水文化的同时，重点展示中原历史文化、温泉文化与花木文化，使游人充分体验鄢陵及中原厚重、浓郁的乡土文化和悠久的历史。

生态景观型区域集众多花木园区为一体，创造出花的世界、草的海洋、树的故乡、鸟的天堂。

作为华夏文明传承与创新的重要载体，鄢陵鹤鸣湖水利风景区充分体现了中华水文化的精神核心。一如哲学家老子所希望和期盼的，水成为鄢陵社会、经济、文化、生态和环境建设中的关键内涵。

主客共享的生态家园

自古至今，那一泓天地间的碧水，一直温和地翻卷出历史的涛声，陪伴着畅怀于田园的许由、长寿如仙的彭祖、智慧超群的神童甘罗，更陪伴着鄢陵人天人合一的梦想，陪伴着中原林海、人间天堂。

河南省许昌鹤鸣湖国家水利风景区坚持建设生态文明的理念，把生态水系格局作为发展水利旅游最大的优势、最好的载体。风景区推动了城市旅游开发向集约型转变，增强和实现了水资源的节约以及水生态环境的保护，带动了城乡环境改善和低碳旅游、绿色消费的新风气。

景区以利用生态水系格局塑造都市水文化、修复水域生态环境、融入生态都市水利旅游为发展理念，以水脉探究文脉，用文化促进生态，实现了旅游产品结构优化、高品位化，并赋予鄢陵旅游独特的个性和竞争力，从而提升并实现了鄢陵旅游所蕴含的生态价值及经济价值。

从建设宜居、宜业、宜游、宜创鄢陵出发，鹤鸣湖水利风景区推动了景区与城市公共服务一体化进程，在城市公共环境、公共设施、公共服务中融入水利旅游元素，全面提升了城市形象和品质，实现了景区的“主客共享”，为外来游客和本地居民打造出一处休闲乐土、幸福家园。

DREAM

建业绿色基地
JianyeGreenBase

湖北省十堰太和梅花谷国家水利风景区

诗意太和 梅香天下

“山因水而活，水得山而媚。”

湖北省十堰太和梅花谷国家水利风景区山水如画，处处胜景，且处于秦巴生物多样性生态功能区。作为南水北调中线工程的水源地、江汉平原的重要生态屏障，是名副其实的天然氧吧。

景区位于湖北省十堰市竹山县城关镇和文峰乡境内，依托霍河水土保持科技示范园、太和梅花谷水土保持工程和太河清洁小流域治理工程而建，以水保科普展示、野生腊梅观赏、森林休闲康养为主要特色，属于水土保持型水利风景区。

这里既有霍河水库、霍河、堵河、化峪河、太河、梅香溪、太河飞瀑等水文景观，又有胜天洞、夹板崖、梅花山、梅仙洞、夫妻石等地文景观，还有太和观、财神庙、探花坟、“庸派”风格民居建筑等人文景观。而且，这些景观与女娲文化、上庸文化、堵河文化、秦巴山区民俗文化等相互交融，形成了风景区底蕴深厚、风格独特的人文特色，构建了一座“山幽、水清、花美、人怡”的世外桃源。

可见，太和梅花谷国家水利风景

区的建设与发展，与景区对这里优良的生态环境的发掘与整合密不可分。

太和胜境，独步梅香天下

太和梅花谷水利风景区得名于两处重要景源，一处是太和观，另一处是野生腊梅群。

古代社会的道教信众用“太和”来作为观名，太和观即是一例。该观位于景区内太和仙山之巅，道教源头来自不远的武当山，是太河居民祈求太平祥和、幸福安康、人财兴旺的圣地。登高望远，景区的秀美风光尽收眼底：蜿蜒曲折的太河犹如少女般身姿婀娜，缠绵于青山叠翠之中。垂柳依依，随风飘动，轻拂水面，犹如少女的裙带。老子云：“道法自然……上善若水，水善利万物而不争。处众人之所恶，故几于道。”道在太河畔，道在太和观，游客可以一边欣赏太河的美景，一边体味太和的道家境界，别有一番雅趣！

在太和梅花谷，野生腊梅种群特别丰富，享有“中华野生腊梅园”“亚洲最大的野生腊梅基地”的盛誉。

太和梅花谷景区高山耸立，峡谷深长，是野生腊梅聚群生长的地方，因此得名“梅花谷”。景区腊梅品种丰富，数量众多，其中野生大型腊梅八千株，中型红梅五千株。整个景区生态环境优越，物种群落丰富，还拥有野生樱花（大型中华樱花达两千株）、银杏、紫荆、红豆杉等两千余种植物，以及猕猴、花面狸、豪猪等两百余种动物，生物物种丰富，生态结构完整。

太和至境界，梅花香天下。春有山花烂漫，草长莺飞；夏则绿树成荫，气候宜人；秋至硕果飘香，红叶满山；冬来银装素裹，红梅怒放。在这里，四季赏花观景，远离城市的喧闹与嘈杂，可以静静地体味太和之境界，梅花之高洁，回归自然的本性。

巧妙规划，打造亮丽“后花园”

太和梅花谷水利风景区的规划，依据水系水脉、资源分布、景源特色和景观组合程度，突出了水资源、水景观与水文化的特色，形成了独具特点的“一带・两片区”的空间结构。

“一带”，即堵河风光带，是沟通两大片区的重要纽带，以堵河为景观载体，将沿河的自然景观、人文景观、水保工程景观有机串联起来，打造成为一条景观丰富、景色优美的自然风光带。

“两片区”，即霍河水土保持科技示范园片区和太和梅花谷生态休闲片区。

霍河水土保持科技示范园片区是2014年获批的国家水土保持科技示范园，该园作为水土流失治理、监测示范、技术推广、宣传教育的基地和平台，已经建设成为具有综合治理示范功能、水土保持监测及试验功能、环境意识教育功能、生态能源利用示范、水保措施展示和水保生态景观展示功能的综合型水土保持科技示范园。

太和梅花谷生态休闲片区，2017年获批为国家3A级旅游风景区。景区环境优美、风景如画，以腊梅游赏、森林康养、乡村旅游为主要特色。

景区以发展美丽乡村建设和生态旅游产业为目标，现已建成生态果树基地、农耕文化广场、景观河堤、太和梅花谷生态旅游区等。依托美丽乡村建设，建成后将成为以养生度假功能为主导，集梅花观光、文化体验、山水休闲、美食养生、避暑度假等功能于一体的美丽乡村示范村，以及十堰南部乡村旅游美丽的后花园。

水土保持，成就生态旅游典范

太和梅花谷国家水利风景区的保护与开发以水土保持为主要特色。景区内的国家级霍河水土保持科技示范园和太和梅花谷水土保持科技示范园堪称典范。

其中霍河水土保持科技示范园区分为水土保持科研实验展示区、水土保持生态建设示范区、水土保持综合治理示范区、水土保持生态修复区、水土保持特色产业展示区、清洁型小流域创建区六大功能区。景区先后筹资300多万元投入园区建设和水土流失治理，取得了良好的治理效果。

园区属于鄂西北低山丘陵水土流失类型区，以面状侵蚀为主，作为在南水北调中线工程的源头——丹江口水库库区范围内建设的水保示范园区，在水源地水土保持建设和生态旅游方面具有很强的典型性和代表性。

太和梅花谷生态休闲片区依托太河清洁小流域治理工程和水土保持科技示范园而建，该区沿着化峪河、太河流域开展一系列的河道治理、沟道防护、边坡防护、典型滑坡治理、坡耕地综合治理、水保生态修复、面源污染防治和美丽乡村建设等工作，在水土保持方面已经取得了良好的成效。

园区现在作为竹山县青少年水土保持教育活动的参观实践点，年均安排6万多名中小学生在基地学习实践，开展水土保持及生态环境教育。

贵州省黔南州瓮江国家水利风景区

千年古邑 生态瓮江

它，见证了这块土地的昨天和今天，见证了黔南瓮江生态旅游的发展与腾飞。它，就是贵州省黔南州瓮江国家水利风景区。

瓮江国家水利风景区位于贵州省中部，黔南布依族苗族自治州北部，瓮安县中东部。景区以瓮安县城为中心，向东北、西南两面呈带状展开，形成了一个秀美灵动的城市河湖型水利风景区。景区主要依托瓮江及中心城区而建，瓮江旧称瓮安河，河流贯穿瓮安县，属于乌江的支流，沿途纳白水河、草塘河等支流，像一幅山水画卷围绕中心城区展开。

水汽淋漓，赏夹江生态盛景

瓮江河贯穿瓮安县南北，如一个乡村少女，恬静而美丽。两岸山脉呈南北走向，远远望去，高低起伏，满目葱绿。婆娑的杨柳、修长的芦苇沿河两岸生长、延伸，枝叶垂于河面，别有一番风姿。

穿洞河瀑布是全国十大水帘洞之一，距离县城 17 千米，《瓮安县志》誉其为“飞练飘覆”。瀑布高 10 余米，瀑后一洞横陈，直通两岸，长约 50 米，高 2—3 米，固若金汤。洞前壁开有三口，似并排的窗口。春夏季节，飞瀑掩窗如帘，水声悦耳，帘卷凉风，沁人心脾。

清涟湖以“生命之光、溯源之旅”为设计主题，打造“城市—水—文化”相互交融的城市公共休闲氧吧。

兴隆湖主要服务于猴场居民和游客，是展示猴场形象的窗口，集自然体验、水上娱乐、红色旅游、商业景观及红色文化展示于一体的湖景公园。

仙桥山位于仙桥山东侧，是体现“生态保护、人文景观、休闲娱乐、农业观光”四位一体特色的湿地生态景观带。

雍江两岸群峰起伏，是典型的喀斯特岩溶地貌，造就了仙桥山、洞蟠龙迹、下司石林、封神洞、穿洞河峡谷等极具代表性的地文景观。

洞蟠龙迹所在之地称为后岩观，平畴之中突兀一山，高约 20 米，面积 4000 平方米，山顶奇石如笔、笋、柱、屏、狮、虎，千姿百态，蔚为壮观，集险峻灵秀于一山。

下司石林以石门坎、小岩头、龙洞湾三大片为主题，各有特色，三大片形断意连，显得起伏跌宕，异彩纷呈。

封神洞吞云吐雾，云飞雾卷，洞口随雾的浓淡时隐时现，是集水、旱于一体的天然溶洞。

穿洞河峡谷则是峰峦叠嶂，辟地摩天，崖奇石峭，气势磅礴，震撼人心。

思接千载，品多彩民俗风情

景区内文化资源丰富，民俗风情浓郁，人文景观众多，其中历史遗迹以高贞观、中山亭、惜字塔、后岩观为代表。

高贞观，平畴突兀一峰，菘秀特绝。建寺于山腰，建观于绝顶，满山古树挺拔，寺隐绿丛，树飞阁檐，别有情趣。

中山亭是贵州高原上保存较为完好的一座辛亥革命纪念亭。

惜字塔为明清两代较有影响的建筑物，流露出古人敬字惜纸的精神。

后岩观始建于元代，风景奇特，被列为瓮安八景。漫步后岩观，首先看到的是三清殿，移步到后山，有一偏殿，内有观音坐莲塑像，香火旺盛。

与景区相关的重要历史遗址有“猴场会议”会址和冷少农烈士、舒葆初烈士、傅玉书等人物的旧居。

“猴场会议”是红军长征途中中央政治局在猴场（今草塘）召开的一次重要会议，结束了“左”倾路线领导者的军事指挥权，为“遵义会议”的胜利召开奠定了基础，是红军“伟大转折的前奏”。冷少农烈士生于 1900 年，为南京地下党负责人之一，就义于南京雨花台。其故居为三合院民居，青瓦屋面，石嵌天井。舒葆初又名舒忠元，弃教从戎，其故居系三合院民居，2001 年被列为县级重点文物保护单位。傅玉书字素余，清代贵州著名学者，故居建于清代初期，由大门、两厢和正房组成，穿斗式悬山青瓦顶别具特色。

景区民俗风情以草塘火龙、平定营灯夹戏为代表。

草塘火龙已有 600 多年的历史，每年正月初九至正月十五，草塘都要开展玩龙灯活动，分出龙、玩龙和化

龙三个阶段，祈求来年风调雨顺。灯夹戏为贵州省级非物质文化遗产，它是花灯和戏曲相互穿插的一种综合表演形式，是花灯与川戏饶有新意的巧妙结合，是一种匠心独运的嫁接艺术，流传于瓮安平定营一带，体现出村民赖以生存的文化根基和维系民族团结的精神纽带的特殊价值。

立足生态，促雍江特色旅游

通过近几年对雍江河道及两岸的综合整治，渡江广场、欢乐谷等设施的配套建设，黔南州雍江国家水利风景区已具备全域旅游条件，为当地居民及游客开展滨水游憩、都市休闲、文化体验、乡村度假等多形式的活动奠定了基础。

景区通过对水源的分级保护，采取雨污分流等措施，在一定程度上减少了排水对环境的污染，保护了景区的环境。

为树立绿色生态品牌，实现发展富民目标，景区结合退耕还林政策，打造万亩樱花，现已完成 2.4 万余株

樱花种植。

雍江水利风景区由南部乡村生态旅游度假区、中部都市风光休闲旅游区、北部红色文化旅游体验区三大区域组成。

南部乡村生态旅游度假区以农业生产、观光、体验、度假为主，主要是吃农家饭、住农家屋、游田园景、享生态乐，该区主要由定营文化特色小镇、冷少农烈士故居、仙桥山湿地公园组成。

中部都市风光休闲旅游区以都市休闲、度假为主，建设“宜居宜业宜商宜游四位一体城市”，该区主要由“千年古邑 生态雍江”特色旅游城、朵云湖景区、梅花堰景区、穿洞河景区组成。

北部红色文化旅游体验区以文化体验、科普教育为主，打造多层次、多形式、全方位、宽领域的旅游目的地，该区由草塘千年古邑旅游区一期项目、下司喀斯特地质公园、兴隆湖生态湿地公园、梦幻樱花谷主题公园、后岩观组成。

云南省楚雄州青山湖国家水利风景区

“翡翠”上的青山湖

青山隐隐，碧水含情。山水如画，风光醉人。

连绵的群山捧出一片高原平湖，万亩浩瀚碧水，蜿蜒在高山峡谷之间，呈现出变幻万千的人间奇景。

这里，就是云南省楚雄彝族自治州青山湖国家水利风景区。

楚雄彝族自治州有“世界恐龙之乡、东方人类故乡、中国彝族文化大观园”之称，被誉为“中国彝乡、滇中翡翠”。青山湖，就是“滇中翡翠”上最为美丽动人的一汪水色。

景色怡人的“生命之源”

青山湖国家水利风景区位于楚雄彝族自治州首府驻地楚雄市的鹿城镇西北、金沙江一级支流龙川江的干流上。风景区依托青山嘴水库工程建设而成，距楚雄城区仅 14.5 千米。水库蓄水后，山更青，水更绿，充分体现了“绿水青山就是金山银山”的生态理念，成为活力新彝州建设的生命之源，是一项功在当代、利在千秋的民生工程、脱贫工程。

青山湖水利风景区总面积 44 平方千米，水域面积达 7 平方千米。水质优良，空气洁净，林草覆盖率达 90% 以上，是难得的天然氧吧。

景区以湖光山色著称，有著名的高原平湖、幽谷凝梦、莲沼香风、水韵芳洲、西湾湿韵、泽畔吟风、一线西来等景色，这些景观资源充分体现了湖区的自然生态之美。

自然天成的“野性”山水

青山湖之美好，美在自然天成，美在蜿蜒曲折，美在林海、花山，美在空气、阳光、气候。

青山湖水利风景区原生植被保存完好，有百年黄鹂茶树、槐树等古树，有南方红豆杉、攀枝花苏铁、篦齿苏铁、元江苏铁、伯乐树等多种国家级保护植物。有凤头鹰、松雀鹰、普通鵟、鹊鹞、红隼、白腹锦鸡、小鸦鹃、雕鸮和短耳鸮 9 种国家Ⅱ级重点保护鸟类；有黑颈长尾雉、猕猴、穿山甲、黑熊、小熊猫、水獭等多种国家级野生动物。丰富的动植物资源，使得这里成为科学考察和生态旅游体验的上佳地点。

青山湖水利风景区属于典型的侵蚀盆地和侵蚀堆积河谷阶地，地质地貌类型多样。岛屿、山峰、峡谷、草甸、梯田交错分布，具有很高的观赏价值和科普价值。每年白露至清明，国家二级保护动物白鹭鸟、苍鹭鸟云集，一派“惊飞远映碧山去，一树梨花落晚风”的诗情画意。

库尾建有 400 多亩生态湿地，人工水景与自然环境相互交融，让人们能够更多地接近自然，享受自然。

魅力彝州的生态旅游

楚雄州委、州政府非常重视青山湖水利风景区的保护和利用。

2014 年以来，州市人民政府先后投资 4.28 亿元，拓展了风景区管理范围；2015 年投资 3000 万元实施了库区生态湿地建设项目，有效改善了景区水质；后又投资 3.5 亿元兴建楚雄市首个生活垃圾发电厂，有效处理生活垃圾，成为云贵高原环保建设领域的桥头堡工程之一。

对青山湖的保护和开发利用获得了巨大的经济和社会效益。2016 年 12 月，青山湖被评为省级水利风景区；2018 年楚雄市被授予国家级森林城市称号，青山湖水利风景区跻身国家级水利风景区行列。

另外，这里民族民居资源丰富，民俗文化异彩纷呈。火把节、赛装节、马缨花节、左脚舞、茶花文化节、拦门酒等彝族传统节庆和仪式多姿多彩。千百年来的彝族水文化极富自然生态、文化生态与社会生态价值，生动体现了“人与自然和谐共生”的发展理念。

青山湖国家水利风景区所在的楚雄市，目前已经成为滇西黄金旅游线和滇川旅游线上的重要节点，也是滇中国际旅游圈的核心地区。

青山湖国家水利风景区坚持“生态优先、绿色发展”的理念，突出“保护水资源、弘扬水文化、实现生态休闲”的发展重点，致力于成为集安全水利、生态水利、文化水利、美丽水利于一体的水利风景区，将实现水利工程与生态旅游的双赢，为魅力彝州添彩。

河套灌区的“绿色发展生命线”

——内蒙古自治区巴彦淖尔乌加河国家水利风景区

有民歌唱得好："八百里阴山山连山，八百里河套川套川。母亲爱你千里送乳汁，金灿灿的黄河水围着农田转……"良好的生态状况无疑是内蒙古自治区河套地区进一步发展的重要基础。

内蒙古自治区河套灌区历史悠久，是全国三个特大型灌区之一。河套灌区拥有配套完善的七级灌排工程体系，排水系统规模巨大。而河套灌区总排干沟的前身，就是历史悠久的黄河故道——乌加河。

内蒙古自治区巴彦淖尔乌加河国家水利风景区就是以乌加河为主体建设而成的。

"总排干精神"助力"绿色发展生命线"

1975年末至1976年初，原巴彦淖尔盟作出《关于疏通总排干和十大排干的决定》，15万干部群众冒着严寒，肩挑人扛，大干100天，疏通了总排干沟，共同铸就了伟大的"总排干精神"，成为巴彦淖尔市砥砺前行的精神动力。

近年来，于农业灌溉之外，总排干沟又承担了为乌梁素海生态补水的重要任务，仅2018年，就为改善乌梁素海生态补水近6亿立方米，成为河套灌区和乌梁素海绿色发展的生命线。

为了从根本上解决土壤盐碱化问题，1986年，河套灌区多方筹措资金，并引进世行贷款6600万美元，共投资8.25亿元，开展以排水工程建设为主的灌排配套工程建设。项目从1989年开工建设，到1997年结束，完成了总排干沟扩建、总干渠整治"两条线"及东、西"两大片"8个排域共315万亩的农田配套工程，新建了亚洲最大的斜式轴流泵站——红圪卜排水二站，同时改造了红圪卜排水一站，使红圪卜排水站排水能力由30立方米每秒提高到120立方米每秒，与黄河三盛公水利枢纽共同构成灌排配套的关键性工程，进一步提升了河套灌区的灌排能力。

2018年12月，乌加河水利风景区跻身国家水利风景区的行列，这是河套水利史上一个新的里程碑。

乌加河国家水利风景区的规划与建设充分体现了生态至上的理念。

景区规划面积为50平方千米，全长203千米。北侧是阴山山脉和乌拉特草原，南侧为河套灌区。核心景区红圪卜排水站，规划面积1.8平方千米，与乌梁素海彼此连通。

基于总排干(乌加河)与城市之间"城渠共生，水绿交融"的整体空间格局，景区以"生态为先，和谐为本"的规划理念，以"人与自然和谐，城市与风景和谐，文化与生态和谐"为目标，特提出了"一核五带"总体布局。

"一核"树立旅游服务新标杆

旅游发展需要完善的服务设施。

"一核五带"中的"一核"指综合服务功能区，是整个景区运行的核心，分为五个功能区：出入口(集散)区、游览区、服务区、保护区、管理区。

出入口(集散)区是指景区内设的主出入口和两个次出入口。主出入口位于从交通干线经过景区两千米经纬迎宾林荫大道到达永刚大桥处，永刚大桥设出入口管理中心，次出入口分别位于一站明生大门和码头处，主要承担旅游集散、导游接待等服务。码头出入口主要为了下一步与乌梁素海融合发展做准备。

游览区分为水工程景观游览区、水文化科普展示区、珍禽观赏区三部分。水工程景观游览区包括排水机泵展示区(由一站、二站组成)，水文化科普展示区包括黄河故道观光区、排水文化展览室、河套排水陈列室、河套书画创作展示室、水工艺雕塑带、石艺文化展示带，水文化科普宣传带包括生物过渡带科研科普观光区、马军职工创新工作室、信息化平台、水质化验室及在线监测展示区，珍禽观赏区包括水上娱乐场、珍禽观鸟台、钓场、自然景观瞭望塔。

服务区主要承担导游、餐饮、住宿、商业、医疗等服务工作，景区设施保护区和管理区则进一步提升了景区的服务水平。

可以说，在"一核"规划指导下的景区建设树立了河套地区生态旅游服务的新标杆。

“五带”打出“生态文化牌”

生态旅游资源的整合是景区建设的重中之重。“一核五带”之“五带”对景区资源的整合，体现了建设者的匠心。

“五带”指绿色生态观光区、生态农业休闲观光带、太阳花海景观带、历史文化和民俗文化展示带、红圪卜排水站科普文化宣传带。

绿色生态观光区位于总排干源头的永明海子，水域面积约 1000 亩，水质优良，盛产鱼虾，是得天独厚的自然生态环境。站在永明海子洲头制高点，乌加河古河道遗迹依稀可见；与阴山近在咫尺的鸿雁湖，是黄河故道乌加河遗留下的一个湖泊，周围湖光山色，景色怡人；总排干两侧全长约 35 千米的五彩红柳带、连绵 10 千米的沙枣树带也为防治水土流失、改善生态环境发挥了重要作用。

借助得天独厚的引黄入套的天然禀赋，总排干沟主干段（乌加河）以南，阡陌纵横，沃野千里。各具特色的绿色产业集聚区、生态文明示范区、乡村振兴样板区、美丽乡村风景区如雨后春笋，形成了生态农业休闲观光带。

每年 8 月，总排干沟两侧一望无际的向日葵花海在风中涌动，格外亮丽，这里就是太阳花海景观带。

历史文化和民俗文化展示带，则是基于清末的河套黄河水利开发、冯玉祥五原誓师、傅作义五原抗战大捷等与总排干沟沿线有着密切联系的历史人物、重大历史事件而建设，是具有文化教育功能的旅游设施。

红圪卜排水站科普文化宣传带包括水工程景观游览区、水文化科普展示区、珍禽观赏区三部分。这里还设有观鸟台、钓场、瞭望塔等，让游客欣赏周围芦苇依依、鸟鸣林幽的美好景色，给人幽雅舒适、回归自然的感觉。

乌加河国家水利风景区将水利工程、生态景观、地域文化完美融为一体，与乌梁素海形成了优势互补、融合发展的良好局面，成为河套灌区生态建设与生态旅游的新亮点。

“山林明珠”的优质资源整合

——吉林省吉林新安水库国家水利风景区

这里鸢飞鱼跃，翠岭环绕，山水相依，岸静可憩;这里山有豪气，水有精魂，山水交融，人杰地灵。这里，就是吉林省吉林新安水库国家水利风景区。

新安水库水利风景区位于吉林省舒兰市东南部，地处两省三市交界，南接吉林市，北连黑龙江省五常市，西隔松花江与长春市相望，处在长白山向松辽平原过渡地带上，地貌类型复杂，有“远迎长白，近绕松花”之势。

置身景区，放眼望去，群山叠翠，峰谷连嶂，微风拂过，湖水清澈透明，水面碧波荡漾，可谓是“奇峰碧水映蓝天”。秀山、碧水、层林在湖面上交相辉映，游人泛舟湖上，仿佛置身于人间仙境。

舒兰市立足资源发掘与整合，以优质的风景资源为基础，辅以丰富多彩的渔猎文化、饮食文化、民俗文化、林业文化，将新安水库水利风景区一步步打造成了山林间的一颗明珠。

慧眼独具，定位优质旅游资源

新安水库位于霍伦河支流桃源河与兴隆河交汇处，是以防洪、灌溉为主，养鱼、旅游为辅的中型水库。水库下游为霍伦河，西南接吉林鹭岛桦林湾省级森林公园、二合雪乡，东西方向是连绵不断的山峦——新安帽山和坐石山。

“山明水净夜来霜，数树深红出浅黄。千里红叶艳似火，舞尽秋色自难忘。”每逢秋季，徜徉在景区林间小路，如水的阳光漫过整片山林，几片轻云在高远的天空飘逸。淡绿、棕黄、绯红、大红、深红、紫红织出一匹匹绚丽多姿的轻纱，把妩媚的山林染得色彩斑斓。

需要特别指出的是，新安水库水利风景区内大气环境极佳，境内绿色植被和水草面覆盖率达90%以上。漫步林间，高达每立方厘米3万个的负氧离子释放量会让人身心舒畅，黑木耳、山野菜、野蘑菇等绿色食品更会让游客感觉不虚此行。

“绿水青山就是金山银山”。近年来，舒兰市积极推进旅游业的健康发展，已经打造了二合雪乡、红叶长廊、霍伦河漂流、鹭岛桦林湾摄影基地、青顶子田园综合体、稻香小镇等重点旅游项目。接下来，将重点打造新安水库国家水利风景区及现代农业产业园区等旅游项目。在整个旅游产业布局中，新安水库水利风景区扮演着极其重要的角色。

资源整合，主打生态旅游名片

山野的气息永远是都市人的向往，他们都渴望在快节奏的都市生活之余，到山野间呼吸新鲜空气，放松身心。如何打好手中这副生态旅游牌，考验着舒兰人的智慧。

舒兰大米、新安水库的野生鱼、特色鲜明的民族风情……都成为景区旅游发展的重要棋子。

2017年，舒兰市被列为首批国家农业可持续发展试验示范区。如今的新安水库可灌溉水田7.5万亩，防洪保护面积180万亩，治涝面积1.5万亩。灌溉区粮食产量大幅度提升，农民收入翻倍增长。下游平安镇更是全国绿色水稻生产基地，稻香百里，麦浪翻腾，生产出的“稻花香”舒兰大米珠圆玉润，香醇爽口，这里因之被誉为贡米之乡，稻米畅销全国。如今，享誉全国的舒兰大米已然成为舒兰市一张亮丽的白金名片。

新安水库水利风景区千米之内无工业企业，其水清质优，渔业资源极其丰富，仅鱼类品种就高达20余种。其中“青鱼、草鱼、鲢鱼、鳙鱼”更是被农业部认证为无公害农产品，年产出成鱼150吨。这里的鱼肉鲜嫩多汁，鲜美可口，远近闻名的全鱼宴令人回味悠长。除此之外，中国林蛙、小鸡炖蘑菇、长白山冷水鱼、特色山野菜等美食也令游人垂涎欲滴。鲜美的鱼肉配上纯正的舒兰大米，更是让人回味悠长。

除了美食，这里还是东北二人转在吉林省活动最早的区域，被誉为二人转的故乡。火爆欢快的大秧歌、特色鲜明的满族风情也足以让人流连

忘返。还有，游客可亲历壮观宏伟的冬捕，伴着渔家响亮的号子，看他们凿冰眼、拉大网，共同体会丰收的喜悦。

渔猎文化、饮食文化、民俗文化、林业文化的交相辉映，为这颗山林之间的璀璨明珠增添了更多的魅力。

马不停蹄，推进生态旅游建设

新安水库水利风景区以点带面，通过风景区建设，陆续在景区内建设游客服务中心。服务中心包括游客服务区和多媒体展示区，可以为游客提供售票、咨询服务、便民服务、洗手间、医疗服务等。

即将建设或正在建设的旅游项目丰富多彩：库湾天然浴场，让游人和儿童在天然的夏季体验如海边游泳的乐趣；库区白虎山山顶的亭台，让游人在秋季体验“停车坐爱枫林晚，霜叶红于二月花”的美景和意境；滑雪小镇，以滑雪为主题，以滑雪场、雪具中心、雪乡民宿、老东北山珍等核心项目为配套项目，让游人尽享冰雪世界的魅力；七彩漂流，选择水库闸口北侧水流较为湍急的水域，开展惊险刺激的漂流项目，水道两侧种植色彩缤纷的景观植物，将动感刺激的漂流与神秘自然瑰丽美景结合；湖畔度假酒店依山面水而建，可将新安水库水利风景区美景尽收眼底；可以欣赏自然风光的房间、设施完善的多功能宴会厅和会议厅，可以满足不同人群的需求；水库周边居民建设农家乐，日可接待游人达 5000 人次；水库周边具有田园风光特色的桃源山庄、神草山庄、月牙山庄日可接纳游客近万人次。

同时，景区还将逐步建设生态垂钓园、渔家民宿、星空营地、原始森林穿越、望湖亭、滨湖栈道、游船码头、生态停车场等功能完善的现代化休闲娱乐及服务项目。

吉林省吉林新安水库水利风景区大力发展风景区下游观光农业，延伸农业的产业链条，从而带动了整个霍伦河产业园区一、二、三产业融合发展，为舒兰建设现代农业生态市，打造富裕、文明的美丽城市付出了不懈的努力。

“以柔克刚”建设水韵山城

——河北省张家口清水河国家水利风景区

张家口市地处京、冀、晋、蒙四省市交界处，战略位置非常重要，历史上诸多著名战役都与之有关。历史用烽烟与战火给华北大地上的张家口涂上了沧桑的底色。

但是，贯穿张家口主城区的河北省张家口清水河国家水利风景区，却因其优雅与柔美，为“刚性”张家口带来了一缕浓重的江南水乡风情。

清水河国家水利风景区是张垣大地上一道亮丽的风景线，由清水河及 31 道橡胶坝、溢流堰、明湖、地域文化长廊、各具特色的涉河桥等组合而成，总面积 387 万平方米，其中水域面积达 311 万平方米，绿地景观及园区面积约为 76 万平方米。

清水河国家水利风景区的“柔”，与张家口的“刚”相辅相成。

风景柔美，直追“江南水乡”

清水河国家水利风景区水清林幽，环境优美，具有“水、绿、雅、趣”四大主题和“水、鸟、湖、林”等生态文化要素。

景区区域植被良好，建筑风格各异，旅游资源丰富。由于清水河水利风景区水域面积大，景区植被茂盛，形成了独特的小气候，该区域空气清新、湿润，较主城区温度低 2—4℃，夏季凉爽宜人，适宜游览观光。

部分水域种植了荷花。一到夏季，碧绿的荷叶铺满水面，有的高高跃出水面，有的轻轻浮在水面上，叶面上的水珠像一颗颗珍珠晶莹剔透；披着粉色衣裙的荷花姿态不一地斜坐在荷叶上，高贵、清雅。碧绿的荷叶、粉红的荷花与清澈的河水，融合成一幅绝美的图画。

清水河两岸种植了大量的乔木、灌木，盛开的鲜花穿插其中，呈现出一幅“河中有水，堤中有绿，岸上有景，水光倒影”的美丽画卷，让游人感受到北方“江南水乡”的柔美与恬静。

景区以水域生态、地域文化特色为主题，植被良好，文化建筑风格各异，休闲旅游资源丰富，呈现出一幅“水面宽阔，两岸翠绿，岸上有景，景中有园”的城市水生态景致。

景观建设，展文化旅游新姿

景区融合厚重的张家口地方特色和独特的河湖风情，用带有地域特色的文化长廊向游客展示各个县区的风土人情，水景观与人文景观融为一体，形成了集河湖观光、休闲度假、历史文化教育等于一体的旅游度假区。

清水河相当于一座小Ⅰ型水库。橡胶坝雄伟壮观，水面干净整洁，水质清澈透明。沿河 23.5 千米建有多处亲水平台及临水栈道，作为垂钓点，为广大垂钓爱好者提供了休闲娱乐的场所。

再看清水河上的 22 座大桥，各具特色，形成“一桥一景”的灵动画卷，成为一组艺术气息浓郁的标志性景观建筑。建设桥是张家口市首座三跨自锚式悬索桥。桥的设计以“腾飞”为主题，整个桥塔由底部旋转上升，造型简洁，寓意经济高速发展，别具匠心。

送走旭日，迎来晚霞。暮色降临，被 LED 灯光点缀的形态各异的桥梁曼妙多姿，灯光映衬着桥梁、堤防、沿河两岸的景观以及建筑，河桥相映，光影交错。“一桥一景”的灵动画卷，集文化品位、地方特色和现代感于一体，完美诠释了清水河的新奇构想，更渗透了一座城市深厚的文化底蕴。

清水河下游地域文化长廊是张家口人自己的园博园。工程位于清水河下游纬三桥以南至明湖两岸滨河绿地，两岸总长 23 千米，总面积约 60 万平方米。

地域文化长廊共建有 20 个园区，按照各县区名字命名，以各县区特色文化为主基调，以永久性园林景观建设为主体，以水脉绿廊为载体，以古典与现代不同园林表现手法的运用，演绎着“新张垣、新水岸、新生活”的城市面貌。

体现葡萄及葡萄酒产业文化的怀来园，具有剪纸文化和古城历史的蔚县园，独具元中都草原文化的张北园，具有三祖文化历史背景的涿鹿园，沽水福源、草原水城沽源园等，一个个县域风情浓厚的景观园区，与错落有致的花卉树木交相呼应，使游人在游玩的同时领略到浓郁的地方特色

文化。

景区在明湖与清水河交汇处上游，修建了台阶式溢流堰，小水从堰顶流过，形成一条百十米宽的瀑布，犹如贯日长虹，游人仿佛置身于虚幻缥缈的另一个水世界。

清澈的河水随着清风，荡起层层微波。清水河两岸河畔有芊芊的芳草，有翠绿的树木，有平坦的亲水平台，使游人可以感受到浓郁的水乡风光。

发展规划，树生态休闲标杆

清水河水利风景区明确发展目标为：依托清水河水环境治理工程和明湖蓄水工程开展生态观光、旅游度假、运动游憩、水利科普等类型的旅游活动，将清水河水利风景区建设成著名的环首都河湖生态旅游带、度假基地和城乡居民的郊野游憩基地。

按照“因地制宜，合理布局”的原则，景区确定了“一湖、一带、三段、三区、多点”的空间布局结构。

“一湖”指明湖。

“一带”指清水河水利风景区景观带，保证清水河水利风景区两侧绿色空间的连续性，以生态保障、休闲游览作为整个带状空间的连接线索。

“三段”指以城市道路为界，分为北、中、南三段空间。北段，0#橡胶坝至纬三路，包括清水河上游河道、橡胶坝景观、滨水空间等，体现“水生态保护”主题，强调水体的生态防护功能；中段，纬三路至洋河汇入口，是休闲生活景区，整合现有清水河文化长廊环境要素，对局部重点段进行景观提升，通过对滨水空间、居住空间的改造，突出环境品质，强调以人为本的发展观，体现“生活”主题；南段，是水生态科普区，主要依托明湖公园，体现“水利科普”主题，兼有城市郊野休闲的功能，突出对水文化、水生态元素的应用，加强水利科普建设。

“三区”，指从北至南依次排列的水生态观光区、休闲生活区、水生态科普区。

“多点”则是指分布在风景区内的各个旅游节点。

综合治理扮亮生态亳清河

——山西省运城亳清河国家水利风景区

在山西省南端，运城市东北，巍巍中条山东端南麓，有一座古老的县城——垣曲县，取意“四周皆山，如垣之曲”，古时乃是三晋大地与中原大地联系的天然通道，山河依偎，溪流穿城，凝灵聚气。

山西省运城亳清河国家水利风景区与垣曲县唇齿相依。

亳清河国家水利风景区的建设，无疑开辟了一条可资借鉴的生态发展之路。

众望所归，综合治理深入民心

亳清河古称清河，河道蜿蜒曲折，风景秀丽，景观多样。流经县城段的支流称为“白涧河”。几十年来，这条依城而过的河流杂草丛生，乱石遍布，环境较差，每逢大雨，河水暴涨，洪水灾害肆虐。1996 年到 2007 年十年间就暴发过两次惊心动魄的特大洪灾，给县城居民生命财产安全造成严重威胁。

垣曲县的水患时刻牵动着人们的心。疏通河道，治理水患，亲近自然，与水和谐相处是垣曲人民多年来的期盼。

2013 年，垣曲县决定对亳清河县城段 2.7 千米进行生态环境综合治理，并且邀请国内知名的规划设计单位对河道进行规划设计。

由于河道较窄，河床落差较大，易暴发山洪灾害，所以治理难度很大。经过有关专家对可研报告反复论证，最终确定河道设计为复式河槽，中间是行洪主槽，两侧为二级景观平台，防洪标准为 50 年一遇。整个生态环境治理工程要完成 8

座壅水坝安装，打造5段湿地溪流景观，形成10万平方米水面、5万平方米湿地、11万平方米绿地，以及60多处供市民休闲娱乐的场所。

与此同时，垣曲县以此为切入点，全面升级亳清河生态环境治理工程，结合两岸丰富的自然生态环境，将亳清河水利风景区打造成了集科普教育、生态观光、文化体验、乡村民俗休闲于一体的综合型景区。

创新开放，建设规划凸显生态优先

亳清河水利风景区的开发坚持“创新、协调、绿色、开放、共享”五大发展理念，以山西大水网建设为契机，围绕“全景垣曲，全域旅游”的建设目标，以亳清河生态环境整治和亳清河休闲旅游带建设为切入点，构建亳清河流域山、水、林、田、湖生命共同体，打造垣曲县山水林田湖综合治理样板项目，实现水清、岸绿、景美、人水和谐的良好局面。

景区开发也是亳清河沿岸区域服务产业发展的新动力，必将对垣曲县旅游产业发展与县域经济产业转型升级产生良好的推动作用。

亳清河水利景区规划秉持生态优先、以人为本、统筹兼顾、特色突出、创新发展、全民共享的规划原则，围绕山西省水功能区划整体要求，结合

毫清河生态环境现状，将景区划分为三个生态功能分区：生态涵养区、生态过渡区和生态控制区。

尊重自然，生态治理达致人水和谐

针对不同类型生态区段，景区采取了不同的措施进行生态治理。

生态涵养区加强对水资源和水生态环境的保护，维护涵养林区的生态系统完整，保障水质安全；生态过渡区通过人工措施，对景区内生态环境进行治理，维护该区段的生态环境平衡，协调保护与开发之间的关系，提升生态环境品质；生态控制区以恢复、维持和谐的植被系统为基础，重点保护景观和生物多样性，遵循生态原则，保护其自我发展的能力，保障区域内水环境和水安全。

根据景区资源分布特征，共分为四个旅游功能区，分别是生态观光游览区、城市风情体验区、田园民俗休闲区和河口科普娱乐区。这四个功能区分别以“绿动”“魅力”“乡情”“怡养”为发展定位，布局不同的旅游功能，形成各具特色的旅游空间系统，为城市居民和游人提供休闲、娱乐、旅游的场所，让人们充分亲近自然，感受自然生态魅力，享受绿色空间。

毫清河将成为“美丽舜乡、生态垣曲”一张耀眼的城市名片。

六龙城外的水利杰作

——江苏省常州青龙潭国家水利风景区

美丽、富饶的长江三角洲有一座历史文化名城——常州。常州“自古号六龙”，位于长江和太湖之间，河港纵横，湖荡棋布。现在，常州更是一座充满活力的创新创业城、现代产业城、生态宜居城、和谐幸福城。

市区青山门外有一条古老的运河——北塘河。千百年来，北塘河与京杭大运河并行向东，在一处风景秀丽的地方与横塘河、澡港河交汇，沟通太湖、长江南北水系，“南以济运，北以泄水”，受益农田10万余亩，是古代水利工程的典范。相传，常州六龙之一的青龙隐居在此，护佑当地风调雨顺，岁岁丰稔，百姓称之为青龙潭。

江苏省常州青龙潭国家水利风景区据此而生。

先贤治水芙蓉湖

青龙潭所在的网头河，是先秦时期属于古“五湖”之一的芙蓉湖。湖面百里，莲叶接天，为“江南烟水伟观”。

六千多年前，常州先民就在这里生活繁衍。古代圣贤虞舜、吴太伯、季札、春申君都曾在此筑圩开河，历朝历代也在这里持续兴办水利工程。史书记载，晋代以后，与芙蓉湖治水相关的先贤有晋陵内史张闿、常州刺史李栖筠、常州知州王安石、江南巡抚周忱、晋陵知县许恢、阳湖知县章世桐、武进县民政长屠寄等。

近代以来，北塘河进行过多次大规模的疏浚。道光三年，“浚西北护城河及北塘河，计四十余里”。此后，北塘河的大规模疏浚工程有1920年、1957年、1984年、2006年等多次。其中，1920年的工程疏浚河道42里。主持该次工程的是武进县水利总董屠寄。为节省开支、督促工期，他亲任北塘河工局总董，往复奔波，积劳成疾，病逝于任上。为纪念这位乡贤，常州市政府在水神岛上修建了一座6米高的屠寄铜像，供人瞻仰。

正是常州先贤的奋斗和牺牲，创造出芙蓉湖的水利系统、万顷良田，曾经的“江南卑湿”之地变成鱼米之乡。

城防杰作“大包围”

景区的核心——青龙潭为常州水系咽喉，常州市政府在此设有城市防洪工程管理处，其职责为城市防洪、调水工程设施的统一管理与调度运行，直接管理着北塘河枢纽、横塘河北枢纽和北塘河船闸这三座常州市运北片城市防洪大包围核心工程。

常州市城市防洪大包围共有 18 座城市防洪节点工程，自 2014 年启用以来，排涝近 3 亿方，得益于现代科学的城市防洪体系建设，常州城市这方土地免受旱涝侵害，百姓安居乐业。

在促进工程发挥防洪、排涝等实体功能的同时，常州水利工作者着力于扬龙城水利精神，展人水和谐之美，创上乘水利风景。在这里，常见粗笨的启闭机、排涝站披上漂亮的外衣，护坡河岸彩色化，与周围的自然景观融为一体；同时，充分利用景区水土资源，挖掘人文内涵，修建了一座纪念治水先贤、弘扬水乡文化的特色景观——水神岛。常州水利乡贤屠寄的塑像屹立在小岛西首，凝神眺望着远方。

跨越北塘河的仙人桥、玉麟桥流传着神仙、圣贤为民修桥、架桥的动人故事。“治水曲廊”记录着常州人民兴修水利的艰辛历程和光辉业绩。流水般旋转的白色建筑，正是位于水神岛东首的迎龙塔。徐步而上瞻龙台，景区美景尽收眼底——水面宁静开阔，碧波荡漾，时有飞鸟翔游，渔舟撒网。瞻龙台下方是治水名人馆，馆内介绍常州四十余位治水先贤坚忍不拔、治理水患的动人事迹和奋斗精神。

出水神岛，沿亲水步道，“古常州水系图”跃然墙上。电子沙盘陈列室通过采用数控电子沙盘、三维 GIS、VR 仿真建模等技术，实现水情、雨情、工情、气象预报、洪水预报、水利风景区专题信息等的多维一体展示。它的南面，深邃如时光隧道的横塘河北枢纽与高大伟岸的城市防洪监控中心相对，组成面积约 9000 平方米的廉政广场。绘有青莲的景墙以及 12 根警示柱让人对莲花的精神顿生敬慕。

河道修复新典范

景区的绿带——横塘河满眼风光，举目皆景。2015 年常州市大手笔对这片曾经杂草丛生之地进行生态化改造，在满足防洪要求的前提下，通过“保留”“织补”“植入”三大策略，尽可能保留原生植被，做到最小干预，通过织补、修复、完善，塑造了一片充满自然野趣之地。

整个景区占地 3500 余亩，林草覆盖率达 95% 以上，水土流失综合治理率达到 97%，吸引了白鹭、野鸭等鸟类在此繁衍，成为城区巨大的“绿肺”，是现代河道治理修复的新典范。

在设计师的巧妙构思下，原有的鱼塘、沟渠华丽转身，变成符合水净化原理的示范区。雨水经过一个沉淀池、三个生物净化池、一个景观蓄水池，从而完成汇集、沉淀、生物净化等一系列过程，形成清澈的景观水。修整原有地形变身下凹式绿地、下沉式广场，通过高低差收集雨水，实现内部水循环。景区 9 座景观桥梁中，易拉罐桥尤为特别，采用 12000 个易拉罐作为栏杆维护结构。这里凝聚了建设者的心血，这种节能、节地、节水、节材的设计正是“海绵城市”的绝佳体现。

景区还打造了烟雨横塘、云溪清流等景观节点，令人在沉浸于美景的同时，也感叹决策者的魄力、设计者的巧思和建设者的不易。

“烟雨横塘”是条横跨河塘的水中通道，有质朴别致的石板路、水牛石雕路，空中栈道飞架其上，挺拔的落羽杉林立水中。“云溪清流”通过梳理高低错落的鱼塘，对地形微调，形成由北向南自然溢流的阶梯，利用水生植物、景石等营造出大河流水、小溪潺潺的景观。“漂浮的船舷”利用现场地形高差，用竹子装饰船身，加上玻璃栏杆和立柱，形成“船”形观景平台的视觉效果。

紫荆公园耸立着银白色的摩天轮，东经 120° 线在其正中穿过，园内栽培着常州的市花——月季花，有 1200 多个品种。

沙河碧水寻乡野真味

——江苏省徐州大沙河国家水利风景区

这里恬然安静，野趣盎然，自然的气息沁人心脾；一花一草，一水一桥，都透露出清新和灵动；碧波汩汩，水鸟鸣叫，恍如天籁之音……

这里，就是江苏省徐州大沙河国家水利风景区。

大沙河因黄河决口形成，经造林固沙，筑堤防洪，如今已是碧水荡漾，泽陂葱绿。景区内的刺槐林、月季园、万亩梨园等自然生态景观与大沙河古镇、汉代帝王馆、李卫纪念馆、水文化展示馆等人文景观相互交融，是集旅游观光、度假休闲、生态保护等功能于一体的水利风景区。

百里沙河，尽显优美自然生态

大沙河水利风景区生态环境优美，景区内芦苇丛生，蒲草丰茂，荷叶连天；周边绿树与碧水相映生辉，一片自然意趣，仿若走进雍裕之的诗中：“夹岸复连沙，枝枝摇浪花。月明浑似雪，无处认渔家。”身处这美景中，心绪恬静空灵，凝望在水一方的青青芦苇，依稀可见游人怡然的身影，忽又觉得这草木芦苇原本也有生命，那随风摇摆的芦叶，恰似流连徘徊的伊人，享受着远离喧嚣的宁静，尽显缠绵柔情。

良好的自然环境和水质使得大沙河区域拥有

丰富的动物种群，较好地维持了景区内自然生态资源的完整性。特别是上游湿地基本保持原始自然状态，没有人为干扰，成为各种动物的栖息地。小鸦、大鸨、白眉鸦等国家一级保护动物在此繁衍，白鹭、灰鹭、野鸭、鲢鱼、草鱼等野生动物更是随处可见。被列入世界自然保护联盟濒危物种红色名录最高级别，极度濒危，全球仅存不到500只的青头潜鸭也每年在大沙河出现。

晨曦初露，湿地中，美丽的鹭鸟鸣叫，振翅起舞。灵巧的鸦鸟在枝间跳跃，成群的野鸭悠闲地在如镜的水面划出道道细细的波纹，稍有惊扰，群鸭竞相飞起，在水天之间，自由翱翔。夕阳西下，

多彩的晚霞与粼粼的波光辉映，倦鸟归巢，只剩下芦苇在清澈的水中，映出道道剪影。

大沙河水利风景区发挥了湿地在涵养水源、净化水体、均化洪水、调节气候、保护生物多样性等方面的作用，呈现出“十里黄河堤，百里大沙河，千顷荷花荡，万亩梨树园”的独特风光。一鸟一世界，一沙一风景。

古黄河淤积的沙地成为果树生长的绝佳自然条件。在大沙河景区，果园果树遍布两岸，每到春暖花开的季节，“忽如一夜春风来，千树万树梨花开”的胜景再现，万亩梨园“雪花”纷飞，妩媚多姿又别样葱茏。“风飘香未改，雪压枝自重”，花香和着新鲜泥土与青苗的气息，直沁心脾，令人如痴如醉。树相苍古、铁干虬枝的百年梨树王下，人潮涌动，大家纷纷许下新时代的愿景。

春天，立于果都大观园内的大观楼上远眺，大沙河畔是绿的世界，花的海洋；夏季，大沙河两岸绿植繁茂自然，驳岸蜿蜒曲折，摒弃人工痕迹，尽显富有自然意趣的湿地景观；金秋十月，红富士苹果示范园内，颗颗苹果缀满枝头，一抹艳红透着果香，酝酿着甜蜜待人采摘；而到了冬寒抱冰之时，万物肃杀，雪落后，满目银装更显悠远苍茫，玉树琼枝，残荷枯柳，又是一番别样意趣。

一川古水，传承沙河治水精神

黄河哺育了丰县人，也因溃堤水患为丰县留下百余年的伤痕，黄河改道后沉积的泥沙成了大沙河名字的起源。这里水源短缺，十年九旱，“风起三尺沙，黄土埋庄稼”“逃荒去要饭，归来不见房”等民谣是大沙河当年的写照。

20 世纪 50 年代到 60 年代，丰县人在这片贫瘠的土地上栽植果树、兴建果园，成为大沙河精神的起源。1988 年起，丰县仅用两年时间，沟通长江、淮河水系，开挖了大沙河中泓河道，兴建了夹河闸，从而使大沙河在丰县境内形成了由华山闸、夹河闸控制的二级河川水体。

2014 年，丰县投资 2.06 亿元对大沙河丰沛边界至夹河闸 16.8 千米河段进行综合整治，增强大沙河的调蓄能力，改善了 85.7 万亩农田的灌溉条件，满足日供生活用水 20 万吨和 30 万吨工业用水水源的要求。

大沙河水利风景区的有序开发使得大沙河两岸生态环境得到了改良和保护，水质得到改善，水环境不断提升。长约 28 千米、宽 150—350 米的河道水域，水质纯净，全线达到三类水的优良级别。景区内各类建设集防洪、蓄水、旅游观光、度假休闲、生态保护为一体，充分体现水利工程特色。三座拦河节制闸和十多座配套工程，在水工建筑物设计中充分考虑了其景观效果，所有水利工程的建筑风貌全部采用汉代建筑风格，成为水利风景区的独特景观。

“原味”开发，体验乡野休闲之乐

华山生态旅游度假区、大沙河农家乐是游人休闲度假的好去处。

古镇民居融传统和时代特色于一身，浓郁的乡野风情中，青瓦白瓷的各色墙饰闪现着创意的光芒，几竿翠竹、三五瓦缸、一排枯枝……这信手拈来的灵光闪现，都成为别致景观。墙角几股流水，竹中一缕清泉，为粗犷古朴的古镇平添几许灵动。几盘农家野菜，一锅古村野味，美酒清茶浅酌豪饮间，引得无数游客流连忘返。

享乡野村夫、渔樵耕读之乐，习传统工匠、华夏文明之风，瑶盛陶瓷学院是以陶瓷元素为主的文化园林，集陶艺展览、体验、交流为一体，体验陶瓷工艺从拉坯、利坯、补水、荡釉、吹釉、绘制、上釉、烧制的全过程，展示陶瓷工艺精品，弘扬普及传统文化。

大沙河是深邃的，没有浪花拍岸，它只静静地流走在晨光和暮色中，承载了所有的安然、恬静，就像它的前身黄河一样，包容了千年来历史的积淀，容纳了风物和光景，几经蜿蜒，铅华洗尽，悠悠千载，安然至今，那一草一木都彰显着自然与人类和谐的音符。

豐縣大沙河水文化展示館
千載煌煌文華獨鍾
一水泠泠山河增美

大沙河治理（上）
大沙河治理大事记
杈子

农业当家建设休闲胜景

——江西省宜春恒晖国家水利风景区

江西省宜春恒晖国家水利风景区由三兴水库（三兴湖）和恒晖农园两大片区构成。景区以三兴湖为源头，潺潺河水孕育着这里的农业示范区。河水流入三兴地界，滋养着恒晖大农业科技示范园。

三兴湖，犹如镶嵌在万载这片红色热土上的璀璨明珠，风姿盈盈，静美如画。船游湖中，两岸连绵的山岳青翠欲滴，蓝天白云倒映在平静的水面，清澈的湖水中，鱼儿和水草清晰可见。

生态美景品读，魅力无穷

恒晖水利风景区所在区域属亚热带季风气候，湿润清爽，四季分明，雨量充沛，自然环境优美。这里的生态资源非常丰富：山峦起伏，山体奇特，形态各异，如同能工巧匠精造而成；风景区内水资源丰富，有山溪清澈见底，水质甘甜清润，流量大，流速或平或急，山上泉源随处可见，溪泉从峭壁喷涌，如同天女散花，美妙至极。

景区内有野生动植物种类120余种，丰富的动植物资源给景区带来了无限的生机和无穷的魅力：阔叶绿林遮天蔽日，古木参天，有挺拔粗壮的松树、荷树、枫树、樟树、株树等，蝴蝶兰、薰衣草等珍奇花草招蜂引蝶，美丽如画。珍稀树种有红豆杉、水杉、三尖杉、香榧、楠木、绿樟、猴欢喜等。树林里鸟儿嬉戏歌唱，湖面上鱼儿欢跃起舞，人穿行其间，如在画中游。

景区设施建设，步步为“赢”

恒晖水利风景区面积13.85余平方千米，其中水域面积达1.04平方千米，规划核心面积7.0平方千米。景区以三兴湖为依托，融入了恒晖大农业科技示范园先进的农业科技因素，构建起碧水蓝天与生态农业为一体的美丽画卷。

三兴湖坐落于三兴镇闹坪罗陂岭村，距县城18千米，总库容达1459万立方米，是一座以灌溉为主，兼顾防洪、养殖的综合型中型水利工程。

恒晖大农业科技示范园于2014年初启动建设，截至目前，基本完善了园区硬件设施，新建

和硬化了园区道路，新修和疏通了 30 多千米灌排渠，园区水、电、道路设施重新规划布局并已安装到位。示范园还先后投入资金近 2 亿元建设了农梦馆、农耕馆、有机馆、科技大楼等展馆。

2016 年，宜春恒晖水利风景区通过省水利厅审查，被批准为省级水利风景区。2017 年底，恒晖艺术农园景区被评为国家 4A 级旅游景区。2018 年恒晖水利风景区获批国家级水利风景区。

近年来，景区的旅游基础设施建设马不停蹄，先后完善了游客中心、停车场、旅游厕所、标识标牌等公共设施，新增了三味农庄、水上木屋、农产购物商铺、青少年拓展基地、滑草基地、玫瑰园等配套服务设施。

高端农业项目，“接二连三”

景区按照“种养示范、精深加工、科技研发、国际贸易、休闲旅游”五位一体的模式进行综合开发，建设项目秉承“接二连三”的发展理念，在具体建设二十三个产业功能区的同时，重点建设“一楼四馆一中心”和“十七大基地”。

目前占地面积 20000 平方米的有机馆已建成并开馆；占地面积 20000 平方米的农梦馆、占地面积 10000 平方米的农耕文化馆主体工程已完成；集有机农产品电子商务平台、国际农产品物流代理、商务谈判、有机农产品展示与交易于一体的有机农产品国际交易中心已经完成规划设计；已建成了 7000 平方米的果蔬冷链物流仓储中心，供港蔬菜、有机芦笋、有机油茶、有机草莓、良种繁育、新型职业农民培训和大学生村官创业等 17 个基地已经投入运营。

景区的主要景点和游览项目有泳道、游船、快艇、登山、鱼宴、水电站参观、香菇采摘、现代农业参观、有机馆、农梦馆参观……

随着建设的不断推进，江西省宜春恒晖国家水利风景区将成为一个集水文科普教育、滨水观光休闲、农业资源展示、农业生产示范等多种功能于一体的有机农业养生休闲度假区。

千里赣江上的水利丰碑

——江西省吉安峡江水利枢纽国家水利风景区

江西省吉安峡江水利枢纽国家水利风景区位于江西省吉安市峡江县巴邱镇和吉水县八都镇交界的赣江，是依托峡江水利枢纽工程而建的水库型水利风景区。

吉安峡江水利枢纽国家水利风景区是千里赣江上第一个以工程景观为特色的景区，集生态观光、休闲娱乐、养生度假、拓展康体、乡村旅游、商务会展于一体。作为鄱阳湖生态经济区建设的重点水利工程之一，也是汇江河文化、水生态环境于一体的生态工程、惠民工程，是横跨在千里赣江上的一座宏伟丰碑！

赣江右岸的“绿色生命通道”

峡江水利枢纽工程从设计到建设秉承生态文明理念，以人水和谐、人与自然和谐、人与人和谐为宗旨，是着力将生态文明融入工程建设之中，打造成为现代水生态文明的典范。

赣江峡江县段是洄游及半洄游鱼类的重要产卵场，为了削减大坝对鱼类生存繁衍带来的影响，峡江水利枢纽工程增设了生态鱼道。生态鱼道位于赣江右岸，宽3米，由一级一级的水池组成，

包括上游鱼道（出口段）、坝体过鱼孔口、下游鱼道（进口段）、集鱼系统及补水系统等组成部分，为鱼类开设了一条"绿色生命通道"，让它们成功"越过"大坝，自由洄游，繁衍生息。

同时，为保护赣江上游鱼类资源，在库区建设了鱼类增殖站，专门从事赣江土著鱼类的培育、增殖、放流工作，以补充和恢复赣江天然水域的鱼类资源。

造福社会，惠泽民生

峡江水利枢纽工程每年为社会提供清洁电能约 11.42 亿千瓦时，相当于减排约 77 万吨二氧化碳，节省约 30 万吨标煤；枢纽工程与泉港分蓄洪区配合使用，使下游南昌市防洪标准由 100 年一遇提高到 200 年一遇，赣东大堤的防洪标准由 50 年一遇提高到 100 年一遇；改善上游航道 65 千米；为下游 30 余万亩农田提供可靠的灌溉水源。

2.53 万移民积极响应党的号召，顾全大局，齐心协力，重建家园。当年两岸经常遭受水涝灾害的村庄——蒋沙、住岐、中村、孔巷、朱家等，如今已是旧貌换新颜，一幢幢白墙青瓦的庐陵风格的楼房拔地而起，整齐有序，设施完善；一所所新建的校园矗立山脚下，书声琅琅，满园芬芳；一条条宽敞平坦的移民公路，连接四方，通行便利；当年饱受水灾之苦的贫困农民，如今家有良田，安居乐业，生活富足，喜笑颜开。移民新村，谱写了新时代中国特色社会主义的社会和谐、人水和谐的新篇章。

景区还深入挖掘和整理本地水文化，弘扬传统水文化，宣传水生态文明，加强水科普和水情教育，增强游客爱水、护水、节水、治水、利水的现代水意识。

峡江水利枢纽工程的建成，安澜了赣江，润泽了百姓。

自然与人文的良性互动

景区以宏伟壮观的水利枢纽工程景观为核心，以波澜壮阔的赣江水景观为纽带，打造了一个休闲娱乐的好去处。

景区沿江两岸遍布原生态的湿地景观，林木茂盛，水草丰美，沼泽、浅滩上白鹭、野鸭等水鸟翔集，举目望去，尽是迷人的水域自然风光！

在国家历史文化名镇——巴邱镇，有古渡口、观澜阁、成子洲、军民大会遗址、传统街巷等人文景点，还有保留完整的五六十年代老县城景观，与峡江劳动人民创造的灯彩等非遗文化，共同勾勒出一幅人文气息浓郁的生态画卷。

值得注意的是，景区边缘的历史文化气息也十分浓厚，尤其是人杰地灵的吉水县，是解缙和杨万里的故里，是毛泽东祖籍所在地。

吉水县借峡江水利枢纽国家水利风景区建设之机，高标准建设县城防护工程，对现存的古城墙、瓮城等进行抢救性保护和修复，巧妙地将县城防洪堤工程建设与城市景观建设、历史文化建设有机融合起来，将这里建设成为一个文化韵味浓厚、城市景观优雅的市民休闲公园。

状元故里 廊桥水乡

——福建省寿宁西浦国家水利风景区

“两岸农家烟漠漠，十桥风景柳依依；金钟山下流芳远，览胜游踪客忘归。”碇石为琴，水奏和声，足踩旋律，心生乐章。

这里山峻峭，水灵动，风光旖旎，游人惬意。

这里，就是被赞为“状元故里，廊桥水乡”的福建省寿宁西浦国家水利风景区。

变化万千，美景天成

景区总面积8.13平方千米，西浦溪和北浦溪在西浦村内汇成犀溪，形成景区主要水景。水清、堤固、路畅、房美、溪流两岸绿柳成荫，炊烟袅袅，犹如一片山水融合、生态和谐的画卷。

河边杨柳依依，水面波光粼粼，潭中倩影点点，岸上笑声盈盈。长达500米的鲤鱼溪悠悠穿村而过，数千鲤鱼悠然戏水，让这座千年古村充满了灵气。

气势雄伟的鱼鳞坝水流汩汩；充满灵异色彩的蟾潭、官潭、梦龙潭、碧幽潭等明澈如镜；九龙潭峡谷内激流飞溅，宏细疾徐，姿态万千；藏于深山人未识、声势如虹先入耳的龙井瀑布，登云瀑等飞珠溅玉；隐于谷中难掩风采的文曲泉、琴泉等四季潺响。

福建省寿宁西浦水利风景区属中、低山水流侵蚀形成的峡谷地貌，地文景观丰富，区内奇石、怪崖星罗棋布，如石笏朝天岩、金蟾望月石、云榻听雨石、文风胜境壁、期云三叠洞等奇石景观层出不穷。

簇簇鲜花迎客开，萋萋芳草盼君来。景区内复杂的地形造就了变幻莫测的气候，随四季、朝暮交替，雾霭、云雨、朝晖、晚霞等景观变化万千，春来红花绿柳迎宾客，冬至皑皑瑞雪兆丰年。

景区内物华天宝，自然资源得天独厚，自然生态系统丰富多样。区内共有植物1133种，有国家一级重点保护植物南方红豆杉、伯乐树，国家二级重点保护植物金毛狗蕨、樟树、金荞麦、半枫荷、伞花木等。有陆生脊椎动物资源214种，国家一级保护濒危动物有黄腹角雉、蟒蛇，有国家二级保护动物中华鸳鸯、苍鹰、穿山甲、虎纹蛙等30余种。

状元廊下，古风犹存

状元廊下又琴桥，水卧长龙景色娇。

景区存有大量的古代水工程景观。有兼具防洪和水质监测功能的鲤鱼溪；有200多年历史的古廊桥——福寿桥；有巧用护墩石的永安桥；有设于水中犹如钢琴的碇桥；还有蟾宫桥、睦邻桥、官潭桥等各式廊桥、拱桥、板桥13座，皆具有较高的艺术和工程研究价值。其中，福寿桥于2013年被列入省级文物保护单位。

西浦村已有 1100 多年的建村历史，拥有大量历史人文景观。状元祠古朴大气，状元树树影婆娑，太阴宫壁画精美，民俗博物馆收古存遗，跃鱼轩敬鱼祭鱼，古油坊巧用水势，缪颜廖纪念馆三姓同源。同时，还存有众多古民居、古建筑、古廊桥等，雕梁画栋，工艺精湛，是寿宁县古文物现存之首。

两岸民居美，千年聚落昌。西浦村有“状元故里，进士之乡”的美称，自宋代始迁祖缪录肇基以来，历代人才辈出。这里是状元缪蟾的故乡，缪蟾官至礼部尚书、太子太傅。自缪蟾后，这里还培育出缪梦弼、缪从龙等 18 位进士及众多举人、贡生，为全国少见。更有忠烈进士叶有挺及明代文学家、思想家、戏曲家冯梦龙等，代代人才辈出。

西浦有众多的特色美食，如寓意生活节节高的米糕，寓意生活幸福美满的米花糖及鼠曲糍、糯米糍、马铃薯糍等。

除了美食，西浦村还有各式各样的传统民俗文化，如“以物象人”的木偶戏，闽东、浙南独有的庆添丁的竖灯节，国家非物质文化遗产——寿宁北路戏及百家同庆的乞巧节等，无一不体现出西浦人民热爱生活、追求美好生活的愿景。

精品旅游，辉煌可期

天蓝、水绿、花娇、村美，这种和谐、生态、宜居的环境需要官民共同打造。

在各级政府高度重视和大力支持下，景区迄今投入资金近八千万元。制定并实施了河长制、环境保护等一系列规章制度，将责任落实到个人，并大力宣传水资源、水生态保护，提高民众的环保意识。

在各部门的通力协作下，村民对生态保护的意识不断加强，景区内林草覆盖率达 93%，“状元树”、古樟树群等沿岸树木长势良好，负氧离子含量达 5000 个 / 立方厘米，水土流失综合治理率达 95%，水质达到Ⅱ类标准，污水处理达到一级标准，环境空气质量达到一类标准。

景区现已建成长达 5 千米的犀溪漂流、峡谷攀岩、天梯登云、跑马拓展等娱乐项目。通信、电力、给排水等各项基础设施，导览标识系统，生态停车场、农家乐等旅游服务设施均比较完善。西浦村先后被评为“全国生态文化村”“中国传统古村落”“全国文明村镇”“省级园林村”“省级文明村”等。

金钟山麓耸牌楼，轻点触屏美景收。为更好地保护景区生态，加强水资源的保护与开发，景区规划制定了水生态环境的修复措施，加强对景区环境卫生管理，合理开发建设古村游览。西浦休闲绿道、古道茶田、森林氧吧等项目，结合寿宁廊桥文旅小镇的建设打造“廊桥水乡、状元故里”品牌，与福建寿宁古银铜矿山公园、福建寿宁地质公园共同打造闽东北亲水游的精品路线。

目前景区日接待量最高达 2000 人次，年接待量高达 8 万人次，至 2030 年，预计游客规模达到 32.43 万人。

这里小桥横跨、碧水潺潺，以金钟山为骨，以犀溪水为脉，以状元文化为魂，以廊桥水乡为韵，是一处拥有江南水乡秀丽风光和积淀着深厚人文历史的水利风景区。

链接

福建省寿宁西浦国家水利风景区隐于“两省门户，五界通衢”之处，外与浙江的泰顺、景宁、庆元三县相邻，是闽浙重要的交通枢纽。景区距寿宁县城 24 千米，距福寿高速犀溪出口 4.5 千米，双湖二级公路更是穿境而过，连接着古银铜矿山公园和有“闽东小九寨”之称的杨梅州风景名胜区，交通便捷。

西浦
民俗博物馆

山水顾盼 满族故里

——辽宁省抚顺浑河城区国家水利风景区

明王朝曾在辽宁浑河北岸筑城“抚绥边疆，顺导夷民”，“抚顺”之名由此而来，这里也是满族文化的发祥地。辽宁省抚顺浑河城区国家水利风景区就位于辽宁省抚顺市。

浑河城区国家水利风景区面积 31.8 平方千米，水面超过一半，主要依托浑河及支流河两岸堤防和龙凤、万新、城东、将军、葛布、月牙岛、高阳橡胶坝以及前甸、李石拦河闸等水利工程建成，以“一岛”“一园”“三湿地”为核心景观，属于城市河湖型开放式公益性水利风景区。

人水和谐——月牙岛生态公园

作为浑河水利风景区的重要组成部分，月牙岛生态公园位于浑河南岸，古城子河与浑河交汇处，规划面积 189 万平方米。

回归自然是月牙岛生态公园的主要特色，岛上花团锦簇，植物葱茏。

月牙岛生态公园以月亮文化为主线，分别设计了蓝月湾广场、月牙湾广场、月亮湾广场及五星级酒店等。园区的制高点分别布置了揽月亭和紫月亭，隔湖遥相呼应，成为公园的最佳游赏景点。月湖上设计了极具震撼力的水舞秀音乐喷泉。

在月湖与浑河之间的白鹭堤上，可以领略千亩湿地胜景，观赏白鹭齐飞浑河的壮美景象。

浑河水文化广场则向人们生动展现了浑河 7000 余年的变迁和治理成果，展望了抚顺浑河水利风景区未来的发展方向。

月牙岛生态公园是抚顺市地标式景点，是抚顺市最美的生态岛屿公园，为市民提供了休闲、健身、娱乐观光、科普的场所，是人与自然和谐共生的经典之作。

绿色长廊——十里滨河公园

地处抚顺城市段浑河两岸的抚顺十里滨河公园，以“山水抚顺、绿廊环抱”为设计理念，以构建城市绿色空间体系、复苏城市滨水空间活力为设计目的，是在 5 座带状公园的基础上，为市民增添的一处新的休闲公园，是抚顺一道亮丽的风景线。

十里滨河公园是集绿色生态、休闲、环境教育、文化展示及体育健身等功能于一体的绿色长廊、亲水长廊、健身长廊。清晨，到公园休闲健身、唱歌跳舞、打太极拳的人们络绎不绝。华灯璀璨之时，这里是工作一天之后的人们放松身心、散步休闲的理想之所。

每年，抚顺市都在这里举办全民健身走活动，广受市民好评。满族历史大型人物画廊向公众展示了满族的变迁。

近年来，公园内的人民广场已成为抚顺市举办大型群众性文体活动的主要场所。独具特色的抚顺满族风情国际旅游节连续多年在此盛装启幕。盛夏季节，广场文化活动在这里开展得如火如荼。全运会公开水域游泳比赛、亚洲大学生龙舟邀请赛都曾在这里成功举办。

野性世界——生态湿地

浑河城区国家水利风景区内规模较大的生态湿地有三处，上游的白鹭湿地位于人民广场上游，湿地面积约 189 公顷；中部的玫瑰湿地位于浑河南岸，玫瑰城北侧，湿地面积约 79.33 公顷；下游的新城湿地位于拉古河入浑河河口处，湿地面积约 21.25 公顷。

由于近年来抚顺市高度重视，生态治理力度不断加大，景区内生态环境极大改善，水土流失综合治理率和林草覆盖率均在 95% 以上，浑河水质由原来的Ⅴ类提升为Ⅲ类，年空气良好天数达到 286 天以上。

种类繁多的鸟类栖息于此，赤麻鸭、绿头鸭、黑脸琵鹭、白琵鹭等 100 多种野生鸟类畅游于浑河水域，它们时而翱翔于广阔天宇，时而在碧树红花间停歇，时而又在山色湖光中盘旋，曼妙的舞姿、悦耳的鸣叫，为都市生活带来了勃勃生机。

链接

辽宁省抚顺浑河城区国家水利风景区所在的抚顺市，东与吉林省东丰、柳河、海龙、通化相接；西距省会沈阳 45 千米；北与铁岭、开原、西丰县接壤；南与本溪市的溪湖区、本溪县、桓仁县相望。距沈阳桃仙国际机场 40 千米，距营口海港 200 千米，均有高速公路和铁路相连，交通十分便利。

青春灵秀双阳湖

——吉林省长春双阳湖国家水利风景区

这是一片宁静的水域，如一颗珍珠，圆润无语；这是一片灵秀的水域，似一位少女，青春靓丽。吉林省长春双阳湖国家水利风景区滋养着双阳这方土地，用水的灵动与活力给这座城市带来青春的魅力。

1995 年，长春市双阳区将目光聚焦到双阳湖这块碧玉之上。经过几年大规模的建设，双阳湖水利风景区绿林叠翠，秀水透碧，“水域观光游玩 + 休闲农业体验”成为双阳生态休闲游一张烫金的名片，声名远播。

双阳湖休闲妙趣横生

从高空俯视，双阳湖犹如一颗明珠镶嵌在双阳城区东部。双阳湖左岸 2 千米长、15 米高的主坝是双阳湖绝佳观景平台，拾阶登堤，湖水荡漾，水天一色。漫步堤路，清风徐来，快意非常。

乘船行驶在湖面上，波光粼粼、视野开阔，旖旎风光尽收眼底；如果是乘坐快艇，可以感受在开阔水面上尽情驰骋的快意，飞溅的浪花、凉爽的夏天气息扑面而来。在儿童乐园中，各项游

乐设施是孩子们的梦幻城堡，亲子活动妙趣横生，欢声笑语萦绕耳旁。

双阳湖西岸的水文化科普长廊，如一位博学多识的长者，向游客娓娓讲述着水文化的内涵、传播着爱水护水的时代理念。双阳湖北岸是清华远程长春中心拓展基地以及国际养老示范基地，林间水畔惬享时光、户外攀岩拓展训练以及拟建成的养老示范基地参观品鉴，都将为游客提供不一样的出行体验。

双阳湖东岸、南岸的大片湿地，正在规划建设的景点是双阳湖水鸟观景区。湿地保护区建成后将提供游客观景通道。水清、草绿、鸟鸣，在这里游人可以欣赏人与自然和谐发展的美妙乐章。

都市农业繁花似锦

坐落于双阳水库主坝南侧林间的玉林湾生态园，占地15公顷，享有“森林氧吧”“都市乐园”“生态艺术家”等盛誉，是山与水极美画卷的呈现。目前已发展成为集农业观光、自助采摘、花卉观赏、休闲垂钓、婚礼庆典等为一体的全方面都市休闲生态项目。有机果蔬味道鲜美、营养丰富；休闲垂钓，远离喧嚣与压力，宁静洒脱；婚宴庆典，鹊桥搭建，制造浪漫。在这里可以尽情领略赤瓦竹篱和鸡犬相闻的浓郁的田园气息，品尝具有农街特色的珍馐美味，品味“采菊东篱下，悠然见南山”的那份轻松与超脱。

在双阳湖北侧约10千米的双阳水库灌区内坐

落着一处乡村俱乐部——冠科专业种植合作社，该合作社是双阳区休闲农业与扶贫村致富创收的先进楷模。这里的绿色蔬菜生产区、五谷杂粮观光区、休闲农业文化区、生态湿地观光区，绘制出一幅清新自然、悠然恬淡的田园风光美景。农事体验游、农家休闲游、农耕文化游、少儿教育游、商贸娱乐游，都市农业的美好愿景正徐徐向新时代展开。

文化与风光相得益彰

双阳湖水利风景区周边文化灿烂。

双阳区内有百年历史的圆通寺、御龙温泉、五家子古文化遗址、吊水壶国家森林公园等，深厚的文化底蕴，使得双阳湖国家水利风景区这块碧玉更加温润与剔透，也注入了更多的内涵与灵气。景区以其独特的风韵与姿色，吸引着八方游人。

在全国舞台上多次获奖的双阳评剧，经久流传的无数民间故事，与双阳的青山绿水相辅相成、相融相映，成为双阳旅游业不可或缺的文化依托。

300多年的养鹿历史，1400多年的鹿文化传承，把这里的山川原野打上了无法抹去的梅花鹿印记。宏伟的养鹿规模、繁盛的鹿产品加工场景、众多的鹿餐饮项目，使双阳的旅游业披上了梅花鹿的神秘色彩。

链接

吉林省长春双阳湖国家水利风景区距离长春市45千米，周围辐射的主要城市还有伊通满族自治县、永吉县和磐石市。双阳至长春、伊通等的柏油路贯通，区内1路公交车直达。景区周围的景点双阳区雕塑公园、圆通寺距双阳湖景区都在两千米范围内。

"养生磐安"的璀璨明珠
——浙江省金华浙中大峡谷国家水利风景区

好山蕴好水，好水润万物，浙江磐安的幽谷秀水造就了如诗如画的浙江省金华浙中大峡谷国家水利风景区。

浙中大峡谷之美，美在自然。宋代著名画家米芾曾留下了"此地风光三吴无，平砥清流世间殊"的感叹！冰臼瀑布，乃江南一绝。茶场古道，飘逸清香优雅。深泽炼火，彰显祖先膜拜。江南药都，发扬勤劳本色。浙中大峡谷正成为"江南药镇，养生磐安"的一颗璀璨明珠。

瑰丽多姿的峡谷奇观

浙中大峡谷水利风景区自然风景瑰丽多姿，夹溪风景河段、五丈岩水库、水下孔五泄瀑等景致各具特色。

夹溪位于磐安县东北低山台地区，因地质构造断裂发育，造就了山地、悬崖、台地、河谷等多种地形。探秘夹溪，谷幽水秀，林木蓊郁；崖下观飞瀑之壮美，舟中说奇石之故事；玉山问茶，享田园之乐，苍松古道，瞻历史之盛；清新空气，沁人心脾；峰回路转，别有一番意境。

五丈岩水库位于尖山镇，是夹溪流域最大的水库、磐安县目前唯一一座中型水库，因其位于城里山（大兴国遗址）西侧，故又名"皇城湖"。

虎啸峡是夹溪峡谷的第二道弯，其间景观景物繁多。在迎客石门西侧，有两个上下相连、面积400平方米的深潭，上潭潭顶之巨石把溪水一分为二，成两条宽、落差均为5米的瀑布，双双注入潭中，随之溅石而去，汇成一条宽10米、落差5米的瀑布跌泻下潭，这就是"鸳鸯瀑潭"。其下游的湾道处分布着一片长约100米的鹅卵石滩，名为"宝石滩"。在宝石滩东侧，双溪合流下跌成一条宽15米、落差8米的瀑布，瀑布北2米处有一石洞，传为虎穴，瀑潭相击之声恰似猛虎怒啸。

大峡谷水利风景区内的峡谷、山峰、奇石、特殊地貌等类型极其丰富，以十八涡为代表的冰臼地质景观规模宏大，典型性强，具有极强的观赏性与科学价值。

十八涡拥有国内最大的冰臼群，是江南地区最为罕见的冰川侵蚀地貌。十八涡两岸危崖相通，近千米长的河床陡然下跌，水流随势跌落入潭，掀起轩然大波，"一波未平，一波又起"，咆哮的激流钻谷穿崖，过关斩将，形成18个接连不断、形形色色的瀑潭和险涡，尤以第一涡至第十涡最为惊险，人迹罕至，堪称天险。首涡周围岩石怪异，状若百兽扼守雄关；末涡水中有石弯曲如门，传为龙门。

韵味独具的古老村寨

磐安县有国家级非物质文化遗产1个（《赶茶场》），省级非物质文化遗产11个，其中龙虎大旗、炼火等民俗表演，气势壮观，惊心动魄，

极具文化艺术价值。另外，还有市级非物质文化遗产20个，县级非物质文化遗产59个。

夹溪寨位于新宅村，横亘于夹溪古道，明嘉靖三十四年（1555 年）为抵御倭寇入侵而筑。其西南端往下200米处为夹溪桥，西侧山下峭壁为十八涡。夹溪寨由寨墙、寨洞、兵房三个部分组成。寨墙以块石干垒而成。寨洞为拱形，洞壁全部用条石横砌，洞门门臼、门梁用青石制作。原有铁门，现不存。因寨设于地势险要处，有“一夫当关，万夫莫开”之势。

管头村是首批国家级生态示范区、磐安的第一个生态示范村、全国文明村庄，位于磐安县尖山镇东南部，素有“空中乡村”美誉。这里环境清静，空气新鲜，民风淳朴。整个村子处海拔530多米的高山台地之上，气候温润，是理想的休闲避暑胜地。村里古枫参天，翠竹亭亭，乌石幽幽，炊烟袅袅，置身其中，仿佛走进一个世外桃源。最吸引人的就是这里的建筑，以黑色玄武岩为墙体材料垒成的古民居，古朴典雅，是浙江省内保存较为完好的古建筑群之一。

玉山古茶场位于磐安县玉山镇马塘村茶场山下。据传，晋时玉山茶农过着“半年种茶，半年挑盐，无米过年”的困苦生活。有许逊者，因传播道教文化游历于此，喝到当地醇香的山茶而流连忘返，他见茶树遍布山野，茶农为茶叶堆积成山卖不出去而愁容满面，就住了下来。他与茶农座谈，研究改进加工工艺，制成“婺州东白”，接着派道徒带上“婺州东白”四处施茶，送各个道观品茶，得到一致好评。从此，四方茶商纷纷前来收购，玉山古茶场“婺州东白”畅销各地。

贴近民生的休闲旅游

浙中大峡谷国家水利风景区建设是磐安全面发展民生水利、生态水利和旅游水利的需要，建设一项工程，成就一片景区，带动一片城乡，致富当地百姓。

景区规划总面积16.98平方千米，其中水域面积1.95平方千米，规划为“一心三区十景”结构。

“一心”是指浙中大峡谷旅游集散中心，“三区”是指夹溪峡谷生态观光区、高峡平湖养生度假区、民俗风情旅游体验区，“十景”是指佳村舞龙源、玉山古茶场、高峡养生湖、舞龙小三峡、冰臼十八涡、苍松古驿道、观瀑水下孔、乌石古村落、泛舟三跳湖、夹溪特大桥等代表性景观。同时，配套建设水利科技博览馆、中华斗茶中心等重点项目。

浙中大峡谷国家水利风景区的形象定位是以峡谷台地、高峡平湖、洞天飞瀑、茶文化、舞龙文化、中药文化与乌石古村落为主要特色，以生态保护、防洪减灾、水利旅游、养生度假、文化展示、科普教育为主要功能的国家水利风景区。力争把景区建设成为以地质奇观、茶文化、中药文化与舞龙文化为特色的水利风景区、国际舞龙文化发源地、国家重点生态功能示范区。

链接

浙江省金华浙中大峡谷国家水利风景区地处磐安县东北台地区，横跨尖山镇、玉山镇、胡宅乡以及万苍乡等乡镇。景区距县城安文镇55千米，与新昌穿岩十九峰毗连，磐新公路从景区穿过，规划中的杭绍台高速从景区东部穿过，交通便利。

茶場廟

闽中高峡跃“龙门”

——福建省泉州龙门湖国家水利风景区

“巍巍戴云山，潺潺云龙水，红日出龙门，霞光映硕儒，大樟玉带缀明珠，闽中高峡出平湖。”

福建省泉州龙门湖国家水利风景区依托龙门滩水库而建，是以浐溪流域为主线，以沿湖、溪两岸山脉、岛屿、峡谷、村庄为基点，将宏伟的工程景观、秀丽的山水景观、历史悠久的人文景观有机串联而成的水库型水利风景区。

龙门山水气象万千

景区属亚热带季风气候，森林覆盖率达83.2％，优质的生态环境保护了物种的多样性，山水辉映间，陆生和水生动植物种类丰富。

景区地处石牛山西南麓，山形险峻，地形复杂，加上龙门湖水库的建设，使得景区内形成了独特的山水地貌以及峡谷奇观。

"一坝横卧起壁垒，托起明镜山峦中。"龙门湖水库大坝坝高 56 米，顶长 149 米，泄洪之时，远站观瀑台，望水如千军万马般奔泻而下，形成壮观的水利景观。

景区内龙门湖湖面广阔，由东北面的苏格岭与西南面的宫岭围合成西北、东南内外湖，内湖形圆如朝日，外湖状弯似新月。湖面南北突起七座小山，蜿蜒伸入湖内，形成湖心岛、万古岛、蝴蝶岛等 7 个半岛，犹如七颗绿色明珠散落在湖面上，形成"日月双悬，七星垂拱"的山水画卷。

蝴蝶岛因外形似蝴蝶而得名。小岛在龙门滩水库青山碧水的映衬下，宛若一只蹁跹起舞的蝴蝶，秀丽多姿。它不仅吸引了众多游客、摄影爱好者前来一睹芳容，还引起了闽台两岸众多媒体的广泛关注和报道。

景区东部是以龙门峡谷为代表的峡谷溪流景观。龙门峡由龙门寨山与将军山夹峙而成，长约 3 千米，宽数十米，峡谷内溪水蜿蜒如龙，两岸悬岸峭壁，怪石嶙峋，大自然巧夺天工，成就了长潭、一步过江、公婆揽、雷公殿、双港等独特景观。峡谷深处的湖尾漈瀑布倾泻而下，宛如一条银龙穿梭在葱翠的山林间，美不胜收。

龙门古寨历史钩沉

景区境内历史悠久，人文资源丰富，保留有龙门寨、龙门岩、敦永堂、福星堂等众多人文历史遗迹。

龙门寨矗立于鹰嘴崖上，与将军山遥相对望，站立山头，近可看龙门寺，远可眺龙门湖，俯可观龙门峡谷。现留有古战场遗址和昔日匪寇占据寨堡的残垣断壁，无不述说着历史情怀。昔日的龙门天险现已被辟为龙门滩镇绿色公园，正以另一种方式陈述历史。

另外，景区内硕儒村、霞山村等美丽乡村，通过古村落、古树、古祠堂等历史遗迹展示其深厚的历史和淳朴的民风。

旅游发展生态当先

近年来，景区紧紧围绕"护一库清水，建生态水库"的目标，加强库区保护治理及水生态环境修复，进一步涵养水源、净化水质，投资 220 万元进行水资源保护项目。

自 2016 年以来，为进一步提升水利风景区建设水平，景区连续投资开发建设蝴蝶岛，修建 470 米长的环岛游步道，建 1000 余米库区亲水栈道，建设以植物观赏和采摘体验为主题的凤凰谷水果庄园景区，兴修防汛调度综合楼、文化中心、屋顶花园、职工书屋、健身中心、一级电站、羽毛球馆等设施。

同时，景区还连续投入巨资加大力度增强基础设施建设，优化了服务水平和旅游环境。

龙门湖国家水利风景区根据科学合理开发的原则，将景区划分为综合管理服务区、龙门湖观光游赏区、龙门峡谷探幽区、水利科普观光区、村落探幽休闲区、生态保护区六个区域，将其建成集水生态保护、自然山水观光、村落休闲度假、水利科普教育、滨水游憩于一体的综合型水利风景区。

链接

福建省泉州龙门湖国家水利风景区位于泉州市德化县龙门滩镇，东与莆田市毗邻，南和永春县接壤，西连大田，北毗尤溪，距德化县城 18 千米，距泉州 1 小时车程，距厦门 2 小时车程，距福州 2.5 小时车程，交通便捷。

润城碧水
大清河
——山东省德州大清河国家水利风景区

自古以来，位于黄河下游左岸的山东省齐河县就与水结下了不解之缘，金波浩荡的母亲河蜿蜒流淌于县境 63 千米，碧波悠悠的徒骇河水光潋滟，四条引黄干渠和十七条骨干河流纵贯南北，神奇的大自然以水为笔，在这里描绘出了一幅河网密布、水美鱼肥的黄河水乡图。

近年来，齐河县依托丰沛的水资源，奏响“生态优先、绿色发展、惠泽民生”主旋律，巧思妙营，匠心运筹，一幅碧水润城、人水和谐的水利风景画卷徐徐展开，山东省德州大清河国家水利风景区应运而生。

醉美大清河

清代著名诗人查慎行的一首七绝《大清桥》，道尽了大清河的风流美景：“风柔自觉轻衫便，山近微嫌湿翠多。日暮大清桥畔望，一丛春树拥齐河。”

大清河国家水利风景区自然风光优美。春夏季节，绿苇摇曳，绿水浮鸭，岸边绿柳摇风，翠绿欲滴的芦苇碧波荡漾；金秋时节，乳白的苇穗在晨曦中摇曳，仿佛海市仙境；隆冬时节芦花飞扬，像漫天的白雪随风飘荡，情趣万千，令人沉醉。晨昏的变化、阴晴的更迭、霜雾的晕染都给大清河增添了别样的情趣。昔日杂草丛生、狭窄弯曲的小河道如今已经焕然一新，成为一条功能完备、风光旖旎、碧水悠悠的生态新河。

湿地内水生植物和动植物资源丰富，是鸟类的天堂，是动植物繁衍生息的摇篮。有古槐、银杏、垂柳、雪松等各种植物 140 种。鱼虾繁多。还有水鸭、白鹭等野生动物 88 种，其中国家二级保护野生动物 16 种。这里水鸟翔集，锦鳞跃波；林木挺拔，花草掩映，各种植被错落有致。

景区刚一落成，就成为齐河及周边群众愉悦身心、亲近大自然的首选之地。

文化流芳伴乡愁

齐河县历史悠久，文化丰厚，是一个与水相邻相处、与水共荣的城市，丰富的水资源与水文化使齐河拥有了灿烂辉煌的历史。风景区内拥有晏婴祠、中国第一历史碑廊、齐河党员教育体验基地等众多文化科普设施，是齐河县内文化宣传的重要阵地。

晏婴祠作为大清河文化项目之一，是为纪念齐相晏婴而建的一座汉代风格仿古建筑，主要展示了晏子官服、礼服和部分晏子著述，春秋战国、汉朝等与晏子相关的历史文物120余件，石碑100余块。

古朴的齐河民俗博物馆，是风景区内重要的民俗文化普及场所。馆内陈列着反映鲁西北地区农业遗产、生产工艺、风俗礼仪的上千件实物，在这里，渐渐消失的乡村记忆得以留存，民俗风情独特而浓厚，唤起了游人们缕缕乡愁。

大清河国家水利风景区内的中国第一历史碑廊，留有历代很多文人骚客的墨迹，对人民群众的文化历史修养有极好的培养作用。

齐河的“清明上河图”

大清河流淌齐河800余年，1855年黄河夺大清河入海，形成了现在的新水系。景区以传承历史文化、体现风土人情、展示地域风貌为经线，以保护水生态、人水和谐、诗意栖居为纬线，集中展现大清河风景区的生态美，浓墨重彩地绘制出富有齐河特色的“清明上河图”。

大清河水利风景区采用中国传统园林造景方式，以河道为主轴线巧妙构思，合理安排水陆景点，移步换景，动静结合，造成了舒密有致、远近映衬、昼夜互补的景观效果。河道两岸依次布置了“四图”“五园”，古木佳卉吐芬飘香，假山游廊曲径通幽；河道里曲桥凌波，崖石崔嵬，莲叶团团，红荷映日，画舫游艇行于碧波之上，牵动轮轮涟漪，令人心旷神怡。

沁湖公园总占地面积56万平方米，其中水面面积24万平方米，建有5米宽的环湖路、3座休憩亭以及拱桥、平板桥和亲水平台等基础设施，呈现出“向晚赏泉、踏云远眺、益寿听曲、柳堤闻莺、翠柏倚槐”等气韵生动、相辅相成的沁湖景色。

景区借助现代造景艺术，依据历史上“齐河八景”的有关记载，突破时空局限，遗貌存神，

使久已湮灭于历史烟云的“齐河八景”在新时代的大清河畔获得了重生。

历史与现实交融，文化与生态共舞，美丽的大清河水利风景区以其丰厚的文化底蕴和独有的生态美学，将这片水土的神韵挥洒得淋漓尽致。

规划蓝图绘“北国水乡”

大清河呈南北向贯穿县城西部，沿河以龙山文化、生态休闲为主题的各项设施建设已初具规模。水利风景区进一步区域开发条件已经成熟，可整合生态和人文资源，发展水利旅游，打造具有齐河县标志意义的特色水利风景区。

大清河景区经综合分析，将风景区建设分为三大区域，分别为大清河核心景观区、大蒋沟生态河道、生态湿地。总体景观布局为“一河、三区、四图、五园、八景”。

“一河”指大清河自然生态滨水景观带。“三区”指大清河景观区的三大区域，大清河核心景观区、大蒋沟生态河道、生态湿地。“四图”指齐州碑廊、齐州塔、大清桥、湿地森林氧吧。“五园”指梅园、兰园、竹园、菊园、牡丹园。“八景”包括济水左绕、隐城蜃气、文庙古槐、寒沙栖雁、渔舟唱晚、长岭东环、官堤阴柳、泰山南峙。规划建设形成了主题迥异、各具神韵的水系景观，一幅“小桥流水穿城过，风光如画任我游”的北国水乡画卷逐渐生成。

大清河水利风景区按照空间聚合，景点主题统一原则，总体景观框架分为六个功能区：自然生态区、亲水体验区、文化教育区、娱乐休闲区、湿地景观区、生态水景区。

链接

山东省德州大清河国家水利风景区位于齐河县四通八达的交通网中心，周边高铁、高速、国道、省道纵横交织，15分钟车程可抵达济南市区，30分钟可到达济南遥墙国际机场，属于省会济南半小时生活圈的贴近层，交通极为便利。

中原壮景沁龙峡

——河南省济源沁龙峡国家水利风景区

在中原的西北部，汤汤沁河冲破莽莽太行，宛若一条巨龙，在济源河口村昂首跃入中原大地。一座煌煌巨坝巍然屹立，挽留万顷碧波，造就了一条气势雄浑、风光旖旎的峡谷——沁龙峡，河南省济源沁龙峡国家水利风景区就位居此地。

沁龙峡景区依托沁河河口村水库，由坝前湖面峡谷景区、坝顶文化长廊与文化广场和坝下滨河公园组成。山的伟岸与水的温婉在此邂逅，造化之精、人文之魅与生态之美在此融合，高峡平湖，仪态万方。

山水壮景绕巨龙

“早过燕川渡，千峰插太虚。云间微见日，水浅不侵湖……”这是北宋诗人文彦博笔下沁龙峡燕川渡的迷人景色。历代文人墨客在这片灵秀之地探幽访古，流连忘返。沁龙峡之美，美在水，也美在山，山因水而灵动，水因山而厚重。

俯瞰沁水，宛若一条巨龙，环山绕峰，舞动出一条曲折婉转的美丽弧线。谷内碧波深潭，绿水淼淼；峡谷两岸，群峰壁立，鬼斧神工；千尺绝壁上的崖柏古朴苍劲；极目之处怪石林立，奇峰对峙。

景区里沟壑交织，支流众多。龙门沟，青山碧水，移步换景；古沟，沟底崩珠跌玉，山间刀劈斧削；盘峪沟，一挂通高 120 余米的瀑布，马嘶鼓擂，捣珠飞玉。

泛舟湖面之上，清晨鸟伴初阳，午照流金淌

银，余晖层林尽染，月夜满湖星光；寻芳群山之间，春临万山染翠，夏访凉风拂面，秋来硕果满枝，冬至玉结冰莹。

这里原始自然，风光绮丽；这里清肺养胃，怡情养性。在这里可尽享天蓝水碧，感悟云白风清，不禁使人浮想联翩，物我两忘！行至坝后公园，别是一番美景。燕川湖碧波潋滟，清澈见底，鱼虾成趣，奇石成滩，白鹭三五成群，翩翩起舞。燕川岛犹如一艘巨轮航行于燕川湖上。

天赐造化，钟情沁龙。景区还有着丰富的地热资源。谷堆温泉，是我国五大复合型高温温泉之一，水温恒定，景色怡人。

灵秀之地的人文之魅

中国山水文化源远流长，自古便有寓情于景、寄情山水之说。再好的风景，缺了文化就少了品位。

沁龙峡之美，美在深厚的文化积淀。这里最宜寻幽访古，与先贤神交心契，在历史长河中恣意遨游。

五龙引水，沁口秋风，引文人墨客群贤毕至。"孔山刀剑立，沁水龙蛇走"则是白居易的千古绝唱。

残存的化城寺、建于北魏早于少林的盘谷寺、因老子倒骑毛驴拔剑成泉的拴驴泉、祭祀黄龙以求沁河风调雨顺的黄龙庙，历史悠久，古朴清幽，奇幽秀险，妙然天成。

魏晋古栈道更见当年的金戈铁马，战鼓声声犹在耳畔。在这千年灵秀之地，同样孕育着文人孟诜、武将张宗藩等一代又一代的才人贤士。

巍巍雄坝，虎踞龙盘。进水塔、水电站、溢洪道等各水工建筑物鳞次栉比，各具特色。底座镌刻着 438 字的《河口村水库赋》，记载着水库建设的艰辛历程。人们到此抚碑观文，不禁充满了对水库建设者的崇高敬意。

坝顶的愚公移山、大禹治水、百工圣祖雕塑小品，右坝肩的大禹、李冰、王安石、林则徐、贾鲁等历代水利名人浮雕，坝下的安全园、节水园、科技园和水库展览馆，承载着水资源的分布、水资源的保护、节水灌溉、安全防洪等水常识的宣传普及，形成了连绵不断的水文化长廊，彰显着水工建筑的科学、艺术和人文特色。

雄壮沁龙的生态之美

在紧邻的国家4A级旅游景区五龙口景区莽莽苍苍的大森林深处，生活生长着种类繁多的植物与野生动物，其中族群最为庞大的太行猕猴是国家二级珍稀保护动物。

为保证景区猕猴的生存环境不因为修水库遭到破坏，建设者在沁河上修建了两座吊索桥。大跨度的吊索桥，一次可荷载150只猴子安全过往。在这里，你能看见两座贴心的猕猴“探亲桥”，一睹“船在桥下游，猴在桥上走”的别致景观，这一切成就了人与自然和谐共存的胜景。为猕猴往来方便在高山间建桥，在国内野生动物保护史上尚属首例。

由于地形、地质条件等原因，河口村水库在施工中出现多处裸露边坡，为了让裸露的边坡披上绿装，建设者开动脑筋，在大坝右坝肩、泄洪洞进口边坡、溢洪道进口边坡等多处开挖裸露高边坡，采用高次团粒喷播新技术进行水土保持及生态绿化恢复，效果显著。

水库的水土保持工程成效明显，实现了植物绿化与工程有机统一、乔木与灌木的和谐搭配，处处葱茏，花团锦簇。通过工程建设与管理、生态与景观的结合，打造美丽河口，实现了水库工程与周边环境的自然和谐。

如今，“一片碧水烟波浩渺，万座青山含英吐翠。沁口秋风云影动，盘谷晴烟自消盈”，秀丽的湖光山色，引人入胜，可览千页晚霞，品万卷朝阳，或观云卷云舒，听渔舟唱晚。

未来的沁龙峡风景区，将不断完善设施，不断增加服务项目，着力打造出集水利科普、水情教育、观光旅游、休闲度假、拓展训练于一体的综合性旅游风景区。沁龙峡将成为中原乃至全国的一道亮丽的水利风景线！

链接

河南省济源沁龙峡国家水利风景区所在的济源市，距省会郑州104千米，南距洛阳市60千米；焦枝铁路纵贯南北，侯月铁路与焦枝铁路接轨，使济源成为南北、东西两大铁路干线的“丁”字形通道；二广高速和长济高速形成“十”字形高速网络，在济源设有4个出入口；207国道纵贯南北，多条省道在济源市交会，形成四通八达的公路交通网。

千年铜都的"天井"之水

——安徽省铜陵天井湖国家水利风景区

铜陵，一座因铜而生的城市，因铜得名，以铜而兴，素有"中国古铜都，当代铜基地"之称。安徽省铜陵天井湖国家水利风景区，像一颗明珠，坐落在这千年铜都的城市中心。

景区由国家 4A 级旅游景区天井湖公园和滨江生态公园、笠帽山、黑砂河生态公园组成，属城市河湖型水利风景区。景区依托的水利工程主要有三个防洪排涝站和数千米的人工隔水堤坝，以及众多的排水渠和各式桥梁。

唐代诗仙李白曾为铜陵放歌："我爱铜官乐，千年未拟还。要须回舞袖，拂尽五松山。"当代著名书法家、原安徽省政协主席张恺帆曾泼墨挥毫："绕堤杨柳万千株，山外有山湖外湖。到眼风光皆画卷，铜陵未必逊姑苏。"

“井水不犯河水”的天井湖

天井湖公园水域面积1.86平方千米，山峦环抱，湖光水色，相映成趣。两条曲曲折折的长堤将湖分为东湖、南湖、北湖，唯缺西湖，古人戏称——“移至杭州”。其中以东湖最大，水域面积1.17平方千米。湖中岛屿、半岛众多，堤坝交错，景色优美。

天井湖上有水源灌入，下与长江贯通，因而水质清澈。湖中有一口“上通天，下通海”的井，名曰“天井”。井中水面终年高于湖面两米多，湖水涨则井水涨，湖水落则井水落，为一奇观，人称“完美诠释了‘井水不犯河水’之说”。相传这井水是从天而来，专供过往神仙小憩品茶之用，因而得名“天井”。后人在井上筑造阁楼，用以保护，并取名“通天阁”。湖因井而得名。

天井湖公园开放于1980年，已先后建成儿童乐园、赏园、动物园、牡丹园、盆景园、天井岛通天阁、溢沁园、长廊水榭、爱乐轩、湖山纵览等30多处游憩场所，加上灯饰工程和观湖、临湖两广场的装扮，可谓名山与胜水竞秀，新景与古迹争辉。现有五松胜游、夜吟闻杵、木鱼红鳞、三千画卷等八大景区。

花木葱茏的生态公园

滨江生态公园位于铜陵市滨江大道，在天井湖之西，公园内建有健康步道3.2千米，临江步

道1.4千米，园林绿化30余万平方米，种植各类乔木5000余棵。滨江生态公园主要分为鹊江花月、银屏水阔、思源、江枫渔火、金滩夕照、古渡春秋六大景点。

漫步在滨江公园大道上，桃树、紫薇树、桂花树、广玉兰树等几十个树种点缀于此，形成了草木葱茏、鸟语花香的人间仙境。

黑砂河生态公园占地40.32公顷，河道长2.48千米，东起胜利桥，西接滨江生态公园，北临天井湖南湖，是环天井湖风景区的重要组成部分。公园绿地内建有生态步道、休闲驿站、景观桥梁、亭廊组合、寸水花园等景观。

黑砂河公园建设于2015年初，充分按照“海绵城市”理念进行规划、设计和施工，将昔日的“龙须沟”变成今日绿树成荫、四季有花、水天相映的生态型滨河休闲绿地，使江、河、湖、城有机融为一体。黑砂河生态公园早在2016年12月就已经对外开放。

“红色”笠帽山

笠帽山，位于铜陵城西，天井湖之北。头枕长江，古名“铜鼓山”，山上还留有解放战争时期渡江战役的战壕等遗址。

为缅怀革命先烈的丰功伟绩，激励后人为振兴中华而努力，铜陵市民政部门于1958年在笠帽山顶建成纪念塔，定名为铜陵烈士塔。塔高30米，塔的中层有一休息平台，登上平台可览长江风光和城市全貌。

1985年11月，笠帽山被列为市级自然保护区，重点保护革命烈士塔和各类树木与植被。目前保护区内的山场面积约730亩，保护区内植物有250多种，对县城及其周边的大气环境起着重要的保护作用。

链接

安徽省铜陵天井湖国家水利风景区所在的铜陵市东距芜湖市60千米左右，西距池州市30千米、安庆市80千米左右，距省会合肥市125千米，是长江经济带重要节点城市和皖中南中心城市。